決算書は3項目だけ読めばいい

大村大次郎
Omura Ojiro

PHP新書

JN110393

まえがき

本書はまったくの初心者でもわかるように、決算書の読み方を解説するものです。

会計上級者にとっては、バカバカしくなるような初歩的な情報もたくさん載っています。だから、もし「こんなの知っているよ」というような情報が出てきたら読み飛ばしてください。


しかし、会計の上級者にとっても重要な知識がかなり含まれていると自負しています。

また会計初心者の方には、「この部分はちょっと意味がわからない」というような部分が出てくるかもしれません。が、意味がわからないからといって読むのをやめる必要はありません。わからない部分は読み飛ばして先に進めてください。ちょっと意味がわからない部分があっても、全体の流れは必ずつかめるはずです。


本書では、税務署員の目線で決算書を読み解いていきます。

税務署目線というと、特殊な見方のように思われるかもしれませんが、決してそうではありません。税務署員目線で決算書を読むというのは、「素早く決算書の内容を摑む」「本当に儲かっている企業を探す」ということだからです。

税務署には毎月、莫大な数の申告書と決算書が送られてきます。調査官たちは、その決算書を素早くチェックし、「税金を誤魔化している疑いのある企業」をあぶりださなくてはなりません。

その作業をするためには、当然、「素早く決算書を読み解く」ということを会得しますし、「本当に儲かっている企業を見つける」という技術が発達します。

税務署の調査官は、決算書の隅々まで見たり、細かい分析をしたりはしません。数か所のポイントをさっと見るだけなのです。項目としては普通で3～4個、多くても5～6個です。びっくりするくらい簡単な作業です。

しかし、この簡単な決算書の読み方が、実は一番実践的なのです。調査官たちは経験則でその読み方を編み出してきたのです。

だから税務署員がやっている決算書の読み方を会得すれば、決算書が簡単に読めるようになりますし、本当に儲かっている企業が見えてくるのです。

本書を読めば、あなたもびっくりするくらい簡単に、決算書を読み解けるようになるはずです。

決算書は3項目だけ読めばいい――目次

第一章　税務署式「超カンタン決算書の読み方」とは？

第二章

「売上」「利益」「現金・預金」だけで決算書を読み解く

今さら人に聞けない会計基礎知識

第三章

決算書の嘘を見抜く

第四章 決算書の「背景」を見る

第五章

「ソフトバンク」と「トヨタ」の決算書から世界が見える

第一章

税務署式「超カンタン決算書の読み方」とは？

決算書は「売上」「利益」「現金・預金」だけで読み解ける

「決算書を読めるようになりたい」

と思っている人も多いでしょう。

管理職になれば決算書の知識が求められますし、株式投資、さらには就職、転職活動にも役立ちます。いろんな面で有利です。が、多くの人は決算書に対して「難しいもの」という先入観を持っているのではないでしょうか？

しかし決算書を読み解くのは、実は驚くほど簡単です。

「売上」「利益」「現金・預金」さえきちんと見ていけば、その企業の決算書はだいたい読めるのです。

「売上」「利益」「現金・預金」などという項目は、経理の知識がまったくない人でもわかりますよね？

一応、説明しますと「売上」というのはその企業が商品やサービスを売った額のことです。「利益」は売上から経費を差し引いて残ったその企業の儲けのことです。そして「現金・預金」はその企業が保有している現金・預金の残高のことです。

社会人であれば、この三つはだいたいわかりますよね？　社会人じゃなくても中学生くらいならわかるはずです。

つまり、会計の知識がまったくない人でも、決算書のキモをつかむことはできるのです。

決算書にはいろんな難しい用語が出てきますし、それを全部理解しようと思えば大変です。いくつも表が出てきますし、それぞれの性質や関係性をすべて理解するのもこれまた大変です。

こういう難解そうな言葉や表が、人々から決算書を遠ざけているのです。

しかし、決算書を読み解くには、それらをすべて理解する必要はまったくないのです。

「売上」と「利益」と「現金・預金」だけでも理解できていて、それを数年分、追っていけば、その企業の相当なことがわかるのです。

そして、わからない勘定《かんじょう》科目が出てくれば無視していていいのです。自分の知っている勘定科目だけを追っていって、コツさえつかめば決算書は読み解けるのです。

税務や会計の「現場」で導き出された方法

会計の専門家の方は「売上と利益と現金・預金だけで何がわかるのか？」と思われるかもしれません。

この「売上」「利益」「現金・預金」だけを追う方法というのは、税務署流の決算書の読み方なのです。そして、究極の実践的な決算書の読み方だと言えるのです。

税務署の調査官は、日本でもっとも決算書を見ている人種だと言えます。そして、「決算書」と「企業の本質」との関係性をもっともよく知る人種でもあるのです。つまり、決算書のどの部分が企業の本質を表しているのか、実感的に知っているのです。

「売上」「利益」「現金・預金」だけを追う方法というのは、税務や会計の「現場」で導き出されたものなのです。

国税調査官というのは、ざっくり言えば、脱税を発見するのが仕事です。

国税調査官は、納税者に税務調査を行います。その税務調査において、不正を発見し、追徴税を課すのが、主な仕事なのです。もっと言うならば、「税務調査で少しでも多くの追徴課税を取る」のが仕事なのです。

税務行政の建前では、「税務調査は適正な税務申告を促すために行うもの」ということになっていますが、税務署の中では「追徴税をとってナンボ」という価値観があります。実際に、追徴税をたくさん取る者が出世したり、褒賞をもらえるという現実があるのです。

税務調査は、すべての企業に行うわけではありません。日本の企業数は、500万社以上あり、企業を担当する調査官は全国で数千名しかいません。調査官一人当たりが、調査できる企業の数は、1年間でせいぜい30件程度です。企業全体の1割も調査することはできないのです。

なので、どうしてもあらかじめ対象を絞って税務調査をしなければなりません。

調査官は決算書を見て、きちんと申告している企業を省き、嘘をついている可能性のある企業を抽出しなければならないのです。つまり、決算書の嘘をうまく見破るのが、調査官の仕事の真骨頂ということになります。

そしてあらかじめ脱税をしていそうな事業者をピックアップするのです。

どうやって、脱税をしていそうな事業者をピックアップするのかというと、決算書などを見て、なるべく不正をしていそうな企業、儲かっていそうな企業を国税調査官が選ぶのです。

だから、国税調査官は、決算書などを瞬時に見抜く能力が必要になります。税務署には毎月、毎月、大量の申告書（決算書添付）が送られてきます。国税調査官は、それをいちいち詳細に見る時間はありません。数字の大事な部分だけをチェックし、儲かっていそうな企業をピックアップするのです。

なぜ儲かっていそうな企業をピックアップするのかというと、儲かっている企業は脱税をしている割合が高いからです。

「儲かっている企業が脱税をするなんて、経済ってそんな単純なもの？」

と驚かれる人もいるでしょう。

が、経済というものはけっこう単純なのです。これまでのデータからも「儲かっている企業は脱税する割合が高い」ということが言えるのです。

また〝好況な業界〟というのも、非常に脱税が多いものです。

たとえば、自然災害などで建設需要が高まり、建設業界が好況になった場合、建設業者で脱税をする者が非常に増えるのです。

「好況の業界が脱税をする」

とはなんてわかりやすいんでしょう。

「好況になったならば、税務署から疑われるのはわかっているんだから、何らかの手を打つものじゃないのか」

と普通の人は思われるでしょう。しかし企業は意外にそのように気は回らないらしく、〝好況になると脱税〟という非常にわかりやすい行動をとるのです。このように、税務の世界では「儲かっている企業は脱税をしやすい」という法則が成り立っているのです。

だから、税務署の調査官は、決算書を見てまず儲かっていそうな企業をあぶりださなくてはならないのです。

粉飾決算をしている会社は調査したくない

もちろん、「儲かっている会社がすべて脱税している」というわけではありません。

しかし「儲かっていない会社は脱税はしない」のです。

だからまず最初の段階として「儲かっている会社」を抽出する必要があるのです。儲かっている会社を抽出し、その会社の中から脱税をしていそうな怪しい会社を見つけるわけです。

「儲かっている会社を見つけるなんて簡単じゃん！　利益が出ている会社をピックアップすればいいだけでしょう？」

と思う人もいるでしょう。

確かに理屈から言えばそういうことになります。

しかし、理屈通りにいかないのが、決算書の世界なのです。

企業の中には、本当は儲かっていないのに儲かっているように見せかける者もいるのです。

いわゆる**粉飾決算**というやつです。

企業の中には、株主や銀行などの心象をよくするために、儲かっているようにわざと決算書に粉飾を施すところもけっこうあるのです。

国税調査官はこの「粉飾決算」については、非常に神経をとがらせています。

というのも、先ほど述べたように、国税調査官の仕事というのは、脱税（課税漏れ）を見つけることです。

粉飾決算は脱税の対極にあるものです。

脱税はなるべく利益を少なく見せかけるという犯罪ですが、粉飾は利益をなるべく多く見せかけるという犯罪です。粉飾の場合、払わなくてもいい税金を払っているケースも多々あるのです。

だから国税調査官は、なるべく粉飾をしている会社に調査に行くことは避けたいのです。粉飾している会社に税務調査をしても、追徴税は望めないからです。それどころか、下手をすると税金を還付する羽目になりかねません。

税務署の仕事は、表向きは納税者の申告を正すものであり、もし粉飾決算などで、税金の納め過ぎがわかった場合は、還付するのが筋です。しかし前述したように税務署の実態としては、追徴税をより多く稼ぐことを調査官に課しているので、税金を還付するなどはもってのほかなのです。

だから、国税調査官としては、そういう企業に税務調査に行くことだけは絶対に避けたいのです。

こういう企業に一旦、調査に入ってしまうと、それなりに調査をしなければなりませんし、調査書もつくらなくてはならないのです。

「脱税命」

の国税調査官としては、こういう企業に税務調査に行くことは時間の無駄以外の何物でもないのです。

だから、こういう粉飾決算の企業は、決算書をチェックする段階で必ずピックアップし、除外しておかなければならないのです。

また逆に本当に儲かっている企業でも、決算書上の数値はあまり良好ではないものもあります。つまり、粉飾決算とは逆に、「わざと決算書を悪く見せている」のです。こういう企業は脱税やそれに類する行為をしている可能性が高いのです。

しかし、こういう企業の決算書の上辺だけの数字を見ていては、「儲かっている企業」のリストからはずされてしまいます。だから、税務署の調査官はこういう企業をうまく見つけ出さなくてはならないのです。

決算書を読むのに多くの知識は必要ない

このように税務署員は日々、大量の決算書を読み解いているわけですが、だからといって、税務署員がみな決算書に関して深い知識を持っているかというと決してそうではありません。

税務署の調査官たちの決算書の簿記能力は、２級と３級の間くらいです。簿記３級はだいたい誰でも持っています。国税の最初の研修で、３級を取らされるのです。２級は持っていない人もけっこういます。

簿記３級は、高校生が１～２か月勉強すれば取れる程度の難易度です。決算書を見る上では、最低限の知識だと言えます。簿記３級程度の知識は、ビジネス社会に身を置いていれば、大半が自然に身につくものです。

つまりは、税務署員は決算書を見るための最低限度の知識しか持っていないのです。もちろん、税務署員の中には、非常に決算書の知識に詳しい人もいます。簿記１級を持っていたり、税理士試験に受かっているような人もいます。

が、大半の税務署員はそれほどの知識は持っていません。

つまりこれは「決算書の嘘を見抜くには、決算書の知識はそれほど必要ない」ということなのです。

決算書というのは、煎じ詰めれば「金の出し入れ」が記載されているだけのものです。金額のカウントの方法が多少異なったりするけれど、基本的には「出し入れ」というだけのものなのです。

そしてその「出し入れ」の中の、どの部分を見ればいいのか、ということを税務署員は知っているのです。

決算書のどこを見れば、会社の本質がわかるのか、本当に儲かっているかどうかがわかるのか。そういう「決算書のキモ」を税務署員は体感的に知っているのです。

しかも、その「決算書のキモ」はそう多くはないし、複雑でもありません。つまりは、コツさえつかめば、「決算書のキモ」は簡単にわかります。

そのキモというのが先ほどご紹介した「売上」「利益」「現金・預金」なのです。

実際に税務署員の中には、決算書の「売上」「利益」「現金・預金」の三項目しか見ない人もいます。この三つがどう絡み、どう動くかでその会社が本当に儲かっているかどうかを見抜くことができるのです。

財務三表って何？

企業会計では、よく財務三表という言葉が出てきます。

一言で決算書という場合、この財務三表を指すことが多いです。

財務三表とは、言ってみれば決算書を読み解く上でもっとも基本的な帳簿だと言えます。

この財務三表とは、具体的には

「損益計算書」
「貸借対照表」
「キャッシュフロー計算書」

の三つの表のことを言います。会計ではよくつかわれる言葉なので、聞き覚えのある方も多いはずです。

決算書は、厳密に言えば、もっとたくさんの表や書類があるのですが、世間一般に言われている決算書はこの三つの表です。

「損益計算書」「貸借対照表」というと、なんだか難しそうな言葉に見えますが、ちょっとした理屈を知ればなんてことはないものです。

一つ目の「損益計算書」は小遣い帳のようなものです。「損益計算」という言葉からも、収益や経費を計算するんじゃないかなあ、とだいたい想像はつくと思われます。

この「損益計算書」は、決算書の中でも一番基本となるものです。そして、これがわかれば、企業が儲かっているかどうかの基本的な材料はとらえることができます。

二つ目の「貸借対照表」は財産目録のようなものです。貸借対照表というと、「貸したも

- 損益計算書＝小遣い帳
- 貸借対照表＝財産目録
- キャッシュフロー計算書＝現金の出し入れ帳

のと借りたものの表」という印象があり、財産目録のイメージとは若干違います。が、このイメージの違いはあまり気にしないでください。決算書の世界では、イメージとはちょっと違う言葉が使われることもしばしばあるのです。

そして三つ目の「キャッシュフロー計算書」は、現金の出し入れ帳です。これはイメージ通りの実体ですね。

ちなみに会計用語というのは、だいたい見た感じは難しそうですが、よくよく知ってみると案外単純なものばかりなのです。

過干渉ママが小遣い帳をチェックしにきた

では、次にこの三つの表が何なのかを説明していきましょう。

唐突ですが、ここに一人の過干渉のママがいたとします。

この過干渉ママをたとえにして、決算書とはなんぞやということをご説明したいと思います。

このママは、息子のことが心配でなりません。

あるとき息子が小遣いが欲しいとねだります。ママは、息子に小遣いをあげるのは非常に不安でした。何に使うかわかりませんし、無駄遣いするかもしれませんし、悪いことに使うかもしれません。

小遣い	1000円
マンガ本	400円
アイス	100円
ガチャガチャ	300円
残額	200円

そこでママは、息子に「小遣い帳をつけること」を条件にして、小遣いをあげることに決めました。

上の図は、ある月の息子の小遣い帳です。

この小遣い帳が、「損益計算書」にあたるのです。

最初にもらった小遣いというのは、「売上」にあたります。

もらった小遣い＝売上から、使ったものをいろいろ差し引いて、最後に残ったお金が利益ということになります。

損益計算書の仕組みとは、ざっくり言えばこういうことなのです。細かいことを言うと、若干違いますが、ここではあまり細かいことは気にしないでください。

過干渉ママの「二重チェック」と決算書の仕組みは同じ

過干渉ママの話を続けましょう。

この小遣い帳を見て、ママは安心しました。あまり無駄遣いはしていないようですし、悪いことにも使っていないようです。

しかし、ママは過干渉です。

そのうち、これだけでは安心できなくなってきました。

そこで、息子に対してこう言いました。

「あなたの小遣い帳が正しいか確認するから、買ったものと今持っているお金を出しなさい」

そこで息子は、マンガ本とガチャガチャと小遣いの残りを持ってきました。

マンガ本	（400円）
ガチャガチャ	（300円）
現金	（100円）

息子の持ってきたものは上の通りです。

合計で８００円です。

アイスは食べてしまったからもうないので、その１００円を加えたとしても合計900円にしかなりません。

もらった小遣いは1000円なので、100円足りません。

ママは、厳しく追及しました。

すると、息子は友達と一緒にゲームセンターに行ってそのときに使ったことを白状しました。ママは、ゲームセンターに行くことを厳禁していたので、烈火のごとく怒りました。

この息子が持ってきた「今の財産」を表にしたものが、決算書で言うところの「貸借対照表」ということになります。

ママは、まず最初に小遣い帳から、小遣いの出し入れをチェックしました。

そしてその小遣い帳に記載された出し入れが本当に正しいのかどうか、今買ったものや残金をチェックしました。

つまり、二重にチェックしたわけです。


決算書でもまったく同じように二重のチェックシステムになっているのです。

損益計算書は、その企業の経理上の出し入れを記した表です。

そして、貸借対照表というのは、その企業が今持っている資産内容を記した表です。

損益計算書で経理の出し入れをチェックし、その出し入れが正しいのかどうかを貸借対照表に載っている資産内容でチェックをするのです。

こういう二重の帳簿方式のことを「**複式簿記**」と言います。「複式簿記」というと、何かすごく複雑な帳簿のような語感がありますが、実際はこのように非常にシンプルな仕組みなのです。

つまり、決算書の基本的な仕組みというのは、「小遣い帳」と「持っている財産の表」とほぼ同じなのです。この理屈さえ理解できれば、決算書は読めたも同然なのです。

あとは、いくつかの「勘定科目」を覚えれば、すぐに『四季報』も読めるようになるのです。

そして、勘定科目も全部覚える必要などないのです。重要なものをいくつか覚えれば、決算書の流れはすぐにつかめることになります。

「損益計算書」は小遣い帳

まず「損益計算書」からもう少し詳しく説明していきますね。

損益計算書というのは、その名の通り企業の損益を計算した表です。

具体的に言えば、「収入」から「経費」を差し引き「利益」を算出した表のことです。

「今年は１億円の売上がありました、経費は７０００万円です。差し引き３０００万円の利益が出ました」

ということを記したものです。

実際に損益計算書は、左上の図のような書き方をします。

売上	●●円
経費	●●円
利益	●●円

実際の損益計算書は、売上や経費の中にいくつか項目があり、もう少し列は増えるのですが、基本的な構造はこういうことなのです。

最初に収入（売上）が記されて、その次に経費の項目が並べられ、最後にそれを差し引いた利益が記されるのです。

前述の小遣い帳とほぼ同じでしょう？

いくつかの勘定科目を覚えれば、ほとんどの人が、その場で損益計算書は読み解くことができるはずです。

「貸借対照表」は財産目録とほぼ同じ

次に「貸借対照表」がどういうものかご説明しましょう。

貸借対照表

資産	負債
（現金・預金、売掛金、有価証券、不動産など）	（買掛金、未払金、借入金など）
	純資産 （当期純利益、利益準備金など資産から負債を差し引いた残額）

貸借対照表とは、その企業の資産や負債がどのくらいあるかを記した表のことです。

具体的に言えば、その企業が、「現金・預金」「有価証券」「不動産」などがどのくらいあるかを左側に記し、右側に「買掛金」や「未払金」「銀行からの借入」などの負債を記載します。

そして資産から負債を差し引いた「純資産」を負債の下に記入するのです。

この「貸借対照表」を前年の分と今年の分を見比べれば、何がどう増えたのか、純資産がどのくらい増えたのか（減ったのか）がわかることになっています。

言ってみれば、「財産目録」と同じです。

あなたが一体、どのくらいの現金、預金、不動産を持っているのか、それを記した表だと思えばほぼ合っています。

「当期純利益」はなぜピタリと一致するのか

損益計算書にも貸借対照表にも「当期純利益」という項目があります。

「当期純利益」は、「今期（今年）いくら利益が生じたか」という金額のことです。

二つの表のこの「当期純利益」の額は、ピタリと一致するようになっているのです。

なぜ一致するかというと、次のようなカラクリがあるからです。

損益計算書では、当期の売上から当期の経費を差し引けば、当期純利益が出てきます。

そして当期純利益の分だけ純資産が増えているはずです。

貸借対照表は会社の資産状況を記したものなので、当期に増加した資産の金額である当期純利益の項目には、損益計算書で出された当期純利益と同額の金額が記されることになるのです。

つまり、「損益の上で生じた利益」と「純資産の増加額」はピタリと一致するという理屈です。

逆に言えば、もしこの当期純利益が、損益計算書と貸借対照表で一致しない場合は、どこかに間違いが生じているということになります。

損益計算書は直接的、貸借対照表は間接的

ここで、損益計算書と貸借対照表の関係性をご説明しておきましょう。

損益計算書は、その年にどのくらい売上があって、経費がどのくらいかかり、利益がどのくらい出たかという、企業の直接的な儲け（もしくは損）を示します。

その儲け（もしくは損）が、その企業の資産にどう反映されているかを示すのが、貸借対照表ということになります。

儲けたお金（もしくは損したお金）をその企業はどうしたのか？

現金・預金で残しているのか、有価証券に換えたのか、設備投資に回したのか、はたまたまだ売上金が回収されずに売掛金として残っているのか。

そういうことが貸借対照表でわかるわけです。

「その企業の儲けを知るなら、損益計算書だけでよくない？」

と思う会計初心者の人もいるでしょう。

筆者も最初はそうでした。

が、貸借対照表をつくることで、その企業の会計状態が立体的に見えるようになり、また会計上の誤りなども発見しやすくなるのです。

たとえば、売上のうち一つの取引を見落としていて計上漏れになっていたとします。損益計算書だけではこの見落としを発見することはできません。

が、計上漏れになっている売上も、現金で回収されるか、売掛金として残ったりなど、資産としては何らかの形で増加していることになります。ですから、資産の残高を網羅した貸借対照表をつくっていれば、もし売上の計上漏れがあった場合に、矛盾が生じ「当期純利益」の金額が相違してしまいます。

またその逆に、経費の一つが計上漏れになっていた場合、損益計算書だけではなかなか発見できません。しかし、貸借対照表をつくれば、その経費の分だけ資産が減っている、もしくは負債が増えているはずなので、必ず気づくことになります。

自分の小遣いのことに置き換えれば、わかりやすいはずです。

あなたは自分で小遣い帳（損益計算書）をつけています。その小遣い帳では収入から経費（出費）を差し引いた残額が1万円ということになっています。しかし、自分の財布の中身を調べたら5000円しかありません。そしてよくよく考えてみると、先週飲みに行って5000円使ったことを思い出しました。

この「財布の中身を調べる」というのが、貸借対照表をつくるということなのです。

自分（自社）の財産がどのくらいあるのかチェックする、そうすることによって、収入と経費が逆算できるし、収入と経費の計算が合っているかどうかの確認ができるわけです。

複式簿記とは？

前にも述べましたが、ここで紹介した「損益計算書」と「貸借対照表」の二つの表を用いる会計方法のことを「複式簿記」と言います。

二つの帳簿から導き出される会計方法なので、「複式」というわけです。

この複式簿記は中世のイタリアで発明されたとも言われますし、古代から使われていたという説もあります。日本でも近江商人が早くからこの複式簿記を使っていたことが知られています。

複式簿記が発明される前は、損益計算書だけで会計が行われていました。

収入（売上）がいくらで経費いくら、差し引き利益がいくらという風に、損益計算書だけでもとりあえず、利益だけは算出することができます。

が、複式簿記が発明されたことにより、収支だけではなく、財産の内容をチェックし、両方を精査することによって、より詳しい会計状況を知ることができるようになったのです。

ただ、この複式簿記をつくるには、それなりに手間がかかりますし、知識も必要です。だから事業者の中には、損益計算書だけしかつくらない「単式簿記」を使っている人もけっこういます。

そこで、複式簿記を普及させるために、青色申告という制度ができました。青色申告という制度は、事業者が、正規の複式簿記で記帳することを条件にして、若干の税制上の優遇を与えようというものになっています。

が、零細事業者にとっては、なかなか複式簿記をつくるような手間や知識がないので、今でも「単式簿記でいい白色申告」をしている人もかなりいます。

「キャッシュフロー計算書」(C／S)とは？

財務三表の最後は、「キャッシュフロー計算書」です。

キャッシュフロー計算書とは、企業の現金の増減を記した表のことです。

キャッシュフロー計算書

営業活動におけるキャッシュフロー	
・当期純利益	×××
・減価償却費	×××
・その他の営業活動におけるキャッシュフロー	×××
計	×××
投資活動におけるキャッシュフロー	
・固定資産の増減	×××
・有価証券の増減	×××
計	×××
財務活動におけるキャッシュフロー	
・借入金の増減	×××
・受取利子及び配当金	×××
・支払利子等	×××
計	×××
現金及び現金同等物の増減額	×××
現金及び現金同等物の期首残高	×××
現金及び現金同等物の期末残高	×××

期首にどれだけ現金があり、期中にどれだけの現金を使い、差し引きして期末に現金の残高がどれだけあるかを記しているのです。

貸借対照表の「現金」の項目だけをピックアップし、期首と期末の時間の流れの中で、その増減を記すのです。

損益計算書と貸借対照表は、期末の時点の数値が記されており、いわば「定点観測」となっています。が、キャッシュフロー計算書というのは、期首と期末という二つの時間での観測となっているのです。

ざっくり言えば、キャッシュフロー計算書とは「貸借対照表の現金の科目を期首と期末で比較したもの」となります。

なぜ数ある資産科目の中で、現金だけをピックアップして、時の流れでの分析を行うかというと、現金の増減は企業にとって重要なことだからです。

今、その企業がどれだけの現金を持っているのか、当期でどれだけの現金を使ったのかということは、企業の経営体力を図る上でも重要な指標となります。

キャッシュフロー計算書を見ることで、会計年度の期首の現金残高と、期末の現金残高の差が、どのような現金の出入りにより生じたのかがわかります。

ただ、このキャッシュフロー計算書の詳細は、それほど頑張って読み解く必要はありません。

一番大事なのは、その企業の「現金・預金の残高が増えているか減っているか」ということだけなのです。

今さら人に聞けない会計基礎知識

――「売上」「年商」「年収」の違いを言えますか？

唐突ですが、「売上」「年商」「年収」の違いを知っていますか？

会計を学んだ人はもちろん知っているでしょう。しかし、会計を学んだことがない方で、この違いを知らない方、正直に手を挙げてください（笑）。

もし知らなくても全然恥ずかしいことではありません。一流大学を出た新聞社の記者でも、この違いを言えない人はけっこういるものですから。

順に説明していきますね。

売上というのは、その企業が、物やサービスを売ったときの総金額のことです。もし一個100円のものを売っている企業ならば、「100円×売れた数」が売上です。

では、「年商」とはどういう意味でしょうか？

年商は、実は会計用語ではありません。年間の商売額のことを指す言葉です。商売額は、その企業が売り上げた金額ということになりますので、「年商」はほぼ「売上」と同義語になります。

次に「年収」はどうでしょうか？

年収とは、これも会計用語ではなく、その人の年間の「収入」ということです。だから、会社の社長の年収と言えば、その会社の社長の役員報酬ということになります。

年商と年収は語感はとても似ていますが、実はかなり違います。年商はその企業の売上額のことであり、年収（経営者の）というのはその会社が経営者に支払う役員報酬の額のことです。

よくテレビのバラエティー番組などで「年商10億の社長」というような表現をされることがあります。そして出演者の中には、「年商10億円＝この人の収入が10億円」と解釈する人もけっこういます。

が、年商10億というのは、その社長さんの会社の売上が10億円ということであり、その社長さんが10億円もらっているわけではありません。その社長さんの役員報酬はもっとずっと低いはずで、多くても1億円くらいでしょう。

こんな感じで本書では時々、箸休め的に超基本的な会計用語についても解説していきます。「そんなことはとっくに知っている」という方は、読み飛ばしてください。

第二章

「売上」「利益」「現金・預金」だけで決算書を読み解く

静止画ではなく、決算書の「動画」で実態を見抜く

前章で、一通りの基本事項をおさえたところで、これからは具体的な「決算書の読み方」をご説明していきたいと思います。

唐突ですが、あなたは誰かを知ろうと思うとき、静止画（写真）と動画とどちらを信用しますか？

たとえば、好きなアイドルを選ぶとき、静止画と動画のどちらが参考になりますか？

一般的に言えば、動画ですよね？

最初は写真で「お、この子、タイプだ」と思っても、動画を見てみるとそうでもないと思ったり、その逆に、写真ではそれほどタイプではなくても、動画で見るとすごく素敵な人だということがわかったりもするものです。

たまに写真好きな人もいて、動画より写真の方がいいという人もいますが、ごくごく普通の観点から言えば、動画の方が人の判断材料になるはずです。

動画の方が、その人の表情とか、質感、躍動感などが断然見えてくるからです。

また静止画の場合は、「奇跡の一枚」と言われるように、写し方の角度や光などのタイミングによって、到底その人とは思われないような、美しい写真ができたりすることもあります。

が、動画の場合は、「奇跡の一枚」のようなことは起こりません。光の角度などで一瞬だけすごく美しく見えても、動きの中でその人の普段の姿が見えてきます。

その人を知る上では、やはり断然、動画の方が優れていると言えます。

非常に精密な画素数の高い写真よりも、若干、画が粗くてもやはり動画の方が、その人の本質をとらえているはずです。

なぜこういうことを言うかというと、実は決算書の読み方でも同じようなことが言えるのです。

決算書にも動画と静止画があるのです。

「動画の決算書」というのは、数年分の決算書を比較してみることです。

そして「静止画の決算書」というのは、1年分の決算書のことです。

1枚の決算書を見るよりも、数年分の流れで見る方が、よほどその企業の実態が見えてくるものなのです。

企業の決算書でも一年分だけならば、「奇跡の一枚」のようなことが起きることもあるのです。しかし、数年分の流れで見れば、そういう「奇跡」の部分が剥《は》がれ落ちて、その企業の本来の姿が見えてくるものなのです。

しかしなぜか決算書のマニュアル本などでは、このことはあまり重要視されません。

世にある決算書マニュアルでは、1年分の決算書を精密に分析することばかりを詳細に記してあります。

粗利がどうだ、流動比率がどうだ、などという難しそうな用語がたくさん出てきて、1年分の決算書の数値を様々な方法で分析するわけです。

つまりは、「静止画の画素数をどれだけ上げるか」ということがメインテーマになっているのです。

が、元税務署員として、これは決算書を見る上でまったく実践的ではありません。

税務署の仕事で決算書を読み解く上で一番重要なことは、「数年分の流れで見る」ということでした。

粗利や流動比率などの細かい分析はそれほど役に立つものではなく、代表的な勘定科目のいくつかを各年で比較した方がよほどその企業の経営状況が見えてくるのです。極端な話、「売上」と「利益」を数年分比較してみるだけで、その企業の状態はかなりわかるのです。

「借金の大きい企業」より「借金が増えている企業」の方が危ない

利益率などの各種の分析をする場合も、単年分ではあまり意味がありません。

それぞれの企業にはそれぞれの事情がありますので、「標準値」というのがないからです。

その利益率が正しいのか、間違っているのか、1年分の決算書を見ただけではわからないのです。

たとえば、「自己資本比率」という分析比率があります。

自己資本比率とは、企業の資産の中で、資本金など「自分の金」がどれだけあるかを示した比率です。この自己資本比率は、企業の経営状態を知る上で重要な分析比率だとされています。

負債が大きければ、「自己資本比率」が低下します。そして、「自己資本比率が低い企業はあまりよくない」ということが、決算書マニュアルなどではよく書かれています。

しかし、負債が大きくて、自己資本比率が低い企業は本当に経営状態が悪いのかというと、一概には言えません。

企業は何か大きなプロジェクトをする場合は、大きな借金をするものです。また事業を開始したばかりのときにも、借金をしていることが多いものです。

また借金をしているということは、その企業に金を貸してくれる人（金融機関、企業など）がいるということであり、その企業の将来性が見込まれているということでもあります。金融機関から評価されていない企業は、借金をしたくてもできないのです。

だから、単純に負債が大きい企業＝危ない企業という見方はできないのです。

負債について我々が確認しなければならないのは、負債の大きさそのものよりも、「負債が増えているか減っているか」なのです。

そのためにも、「動画の決算書」を見なければ意味がないのです。

負債の大きさ自体はそれほどでもなくても、負債がなかなか減らない企業や、負債がどんどん増え続けている企業というのは、やはり危険要素があると言えます。

そういう企業は、なぜ負債が減らないのか、なぜ負債が増え続けているのかということを、さらに追及していくことで、その企業の経営状態の本質に迫ることができます。

「同業他社との比較」はあまりあてにならない

また同業他社との比較をしても、あまり意味はありません。

「決算書の見方」などのマニュアルには、「同業他社と比較してみるべき」ということもよく書かれてあります。

しかし、同業他社との比較は、その企業の特色を知ることはできますが、その企業が儲かっているかどうかを知ることはできません。

というのも、同じ業種の企業であっても、その経営形態には多くの違いがあるからです。

たとえば建設業などでは、自社の社員は非常に少なくほとんどを下請けに任せている企業もあれば、多くの社員を抱えて仕事のほとんどの業務を自社の社員で行う、という企業もあります。

前者では人件費の割合は非常に小さく、代わりに外注費の割合が非常に大きくなりますし、後者では人件費の割合が非常に大きくなります。

両者は、一般管理費の割合などがまったく違い、必然的に財政構造もまったく異なるものとなります。

場合によっては、利益率なども大きく違ってくるものです。建設業に限らず、いろんな業種で、自社の社員を多く抱えている企業と、外部に発注することが多い企業の違いはあるのです。

またメーカーなども、大量生産の薄利多売を得意としている企業もあれば、付加価値の高い少品種の製造を行っている企業もあります。両者の間では、原価率などの数値がまったく違ってきます。

このように企業には、同業種、同規模であっても、それぞれ違った事情があります。だから、利益率や原価率などの分析比率を単純に比較することは難しいのです。しかし、一社の決算書を数年分比較してみると、その会社の状況があぶり出されてくるのです。

コンピュータが表示する「異常値」は無意味

筆者が、「動画の決算書」を重視するようになったのは、国税調査官としての経験からです。

国税調査官として、いろんな事業者を税務調査するうちに、「決算書は流れで見なければダメ」ということを体感したのです。これはおそらく全国の国税調査官に共通するものだと思われます。

というのも、前にも触れましたが、国税調査官の仕事は、脱税を発見することです。脱税を発見するとは、決算書の矛盾を見つけ出す、ということです。脱税をしている事業者の場合、決算書は事業の実態通りのことを表していないわけです。だから、決算書の嘘を見つけ出すことが、脱税発見の第一歩になるわけです。

しかし、当然のことながら、脱税者もバカではありませんので、決算書の嘘がばれないように様々な細工を施しています。

ですから、一見すると、決算書に嘘があるようには思えません。

脱税者の決算書も勘定科目一個、一個について、矛盾がないように仕上げてあります。しかし、一つひとつは矛盾が生じないように偽装されていても、全体の流れを見れば、矛盾が見えてくることもあるのです。

また利益率などの各種の分析をしても、決算書の嘘を見破ることはできません。先ほども述べましたように、それぞれの企業にはそれぞれの事情があるので、「標準値」というのがないからです。

税務署のコンピュータには、利益率など各種の分析を自動的に行い「異常値」が出れば表示されるという機能があります。つまりは、コンピュータが脱税分析の手助けをしてくれるというわけです。

しかし、このコンピュータの表示する「異常値」はまったくあてにならないのです。税務署のコンピュータは頻繁に「異常値」を示しますが、実際にその企業に税務調査に行ってもその異常値が脱税摘発に結びつくようなことはまずないのです。

だから税務署の調査官のほとんどは、コンピュータの分析などあてにしません。

それよりも、「基本的な勘定科目を数年で見比べること」の方が、よほど正確にその企業の異常値を示してくれるのです。

いくつかの勘定科目を数年分比較してみると、企業会計の矛盾があぶり出されるのです。企業が決算書に何らかの細工をした場合、どこかの勘定科目が異常に増減するのです。たとえば、売上を水増しして粉飾している場合は、売掛金が急に膨れ上がることがあります(詳細は後述)。

また、経費を誤魔化した粉飾をしているときには、在庫が急に増えることがあります。

ですから、数年分の決算書を比較し、急に増減している勘定科目がないかどうかをチェックするのが、税務署員の決算書の基本的な見方なのです。決算書の真偽を確かめるときには、それがもっとも手っ取り早く実践的な方法なのです。

筆者が税務署に在籍していたのは20年前のことなので、今はもっとコンピュータも進化しているかもしれません。しかし、細かく専門的な分析が、個々の企業分析にはあまり役に立たないことは、今でも変わりないはずです。なにしろ、企業には「個体差」があるわけですから。

「売上」だけを追ってもいろんなことが見えてくる

では「動画の決算書」の見方を具体的にご説明していきましょう。

まずは「売上」だけを数年分、追っていってみましょう。

本書では、「売上」「利益」「現金・預金」がわかれば決算書を読めるということを繰り返し述べてきました。その中でも「売上」というのはもっとも基本的な勘定科目です。

この「売上」を見るだけでも、相当なことがわかるのです。

静止画の決算書つまり単年の決算書の中では、「売上」という勘定科目はその事業者の規模を把握することくらいしかできません。しかし、「動画の決算書」で売上を見てみれば、

A社の売上の推移

2018年度	売上	15億5000万円
2019年度	売上	16億8000万円
2020年度	売上	18億6000万円

その事業者の様々な状態が見えてくるのです。

たとえば、A社の3年分の決算書を見たとき、売上は上のようになっていたとします。

これを見れば、この事業者の売上は、年々伸びているということがわかります。

「何かヒットしたのか?」

「何か事業を拡大したのかな?」

「この業界は景気がいいのかな?」

というような推測を立てることができるはずです。

そしてその推測をもとにして「なぜ売上が伸びているのか」を追及すればいいのです。何かヒット商品があったのか? 事業を拡大したのか? この業界自体景気がいいのか? そういうことはネットなどで検索してもすぐに調べることができます。

そうして、この企業が本当に儲かっているかどうかをチェックすることができるのです。

B社の売上の推移

2018年度	売上	21億2000万円
2019年度	売上	20億7000万円
2020年度	売上	19億5000万円

売上が下がっている企業

またA社と同じ業種で同規模のB社の3年分の売上は、上のようにな
っていたとします。

これを見れば、先ほどとは逆の感想を持つはずです。

「この事業者は売れ筋の商品がないのか？」

「事業を縮小したのか？」

「業界自体が不景気なのか？」

という感じになるはずです。

そして、この推測をもとに先ほどと同じように追及していけば、この企業の経営状況が見えてくるわけです。

もしこれを「動画の決算書」ではなく、「静止画の決算書」で見たらどうなるでしょう？

2020年度のみであれば、A社は18億6000万円、B社は19億5000万円という情報だけしか入ってきません。となると、同業種同規

模なのだから「B社の方が儲かっている」というようなイメージを持つ人もいるはずです。

「売上」が急増している企業

また売上が急増している会社というのもあります。これは税務署としては要注意の企業です。

たとえばC社の売上は左上のようになっていました。

これを見ると、C社は２０１８年度、２０１９年度とそれほど変わらない売上なのに、２０２０年度に急に増加していることがわかります。

A社とB社の2020年度の売上

A社	18億6000万円
B社	19億5000万円

税務署がもっともピックアップする企業というのは、この「売上が急増している企業」なのです。

なぜなら「脱税」をしている会社でもっとも多いパターンというのは、この〝売上が急増している企業〟だからです。

売上が急増している会社は、〝急に儲かっている〟という場合が多いのです。

売上が上昇するということは、だいたい儲けも増えるものだからです（稀にそうじゃない

C社の売上の推移

2018年度	売上	14億5000万円
2019年度	売上	14億8000万円
2020年度	売上	22億6000万円

こともありますが）。

この〝売上が急増している企業〟を税務調査すれば、脱税発見につながる可能性が非常に高いのです。だから、税務署は〝売上が急増している企業〟を重点的に調査するのです。

「急に儲かった会社は税金がたくさんかかるのがわかっているはずなので、事前に何か手を打つはず」

「急に儲かった会社が脱税するなんて、そんなわかりやすい嘘をつくのか？」

と思われる方も多いかもしれません。

しかし、残念ながら企業はそれほど賢い存在ではないのです。

「急に儲かった会社は、脱税する可能性が高い」

ということはデータに明確に表れている事実です。会社というのは、世間の人が思っているほど、深謀を持っているものではないのです。

一般の人の発想からすると「急に儲かった会社は、それなりに節税対策をしているのではないか？」ということになるでしょう。

しかし、急に儲かった会社のほとんどは、あまり節税策を施していないのです。会社の経理などというものは、将来を深く考えた操作はしないのです。

税務署にとって「売上が急増しているのに利益が出ていない」というような会社は、税務調査の格好のターゲットとなります。こういう会社は、急に儲かって税金を納めるのがもったいないので、架空の経費を計上し無理に税金を安くしている（つまり脱税）ことが多いからです。

「売上」が凸凹になっている企業

また売上が凸凹になっている企業もあります。

たとえばD社では左上のような売上になっていました。

これを見ると、D社の売上は上がり下がりが激しいということがわかります。

「業績が安定していないのか？」

「２０１９年度は何かあったのか？」

というような推測が立てられるはずです。

このように「売上」というたった一つの勘定科目だけでも、数年の決算書を見比べればこ

D社の売上の推移

2018年度	売上	19億3000万円
2019年度	売上	15億4000万円
2020年度	売上	20億7000万円

れだけのことが見えてくるのです。

こういうことを言うと、

「決算書は数年分の流れで見た方がわかりやすいなんて、当たり前のことじゃん」

と思う人もいるでしょう。確かに言われてみれば、その通りのはずですし、ごくごく当たり前のことのように思われます。

が、決算書の入門書では、「決算書は流れで見ろ」というようなことはなかなか出てきません。細かい勘定科目や分析方法には詳しく触れられますが、流れで見ることの大切さを強調した本には、ほとんどお目にかかりませんでした。

だから筆者はしつこくしつこく「決算書は流れで見ることが大事」だと説明しているのです。

「売上」と「利益」だけで相当のことがわかる

前項では、「売上」だけを数年見比べるだけでかなりのことがわかる

E社の「売上」と「経常利益」の推移

	売上	経常利益	備考
2018年度	15億5000万円	1億9000万円	
2019年度	16億8000万円	2億3000万円	売上とともに経常利益も増加
2020年度	18億6000万円	2億6000万円	売上とともに経常利益も増加

ということをご紹介しましたが、これに「利益」を加えると、さらに飛躍的にいろんな情報が得られるのです。

ここで言う「利益」というのは、「経常利益」のことです。詳細は84ページで述べますが利益にはいくつか種類があり、経常利益というのは「本業の利益」のことです。

たとえば、E社の「売上」と「経常利益」の推移が上のようになっていたとします。

これを見ると、E社では売上が増えるとともに経常利益も増えていることがわかります。これは健全に成長している優等生的な企業だと言えます。

売上が増えれば利益は増えるのは当たり前のようにも思えますが、現実の企業では決してこうなるとは限らないのです。

売上が増えているのに利益が横ばい

売上が増えているのに利益は増えていない（横ばい）という

F社の「売上」と「経常利益」の推移

	売上	経常利益	備考
2018年度	14億6000万円	1億4000万円	
2019年度	15億7000万円	1億3000万円	利益はほぼ横ばい
2020年度	17億2000万円	1億6000万円	利益はほぼ横ばい

企業も時々あります。

たとえば、F社の「売上」と「利益」の推移は上のようになっていました。

これを見ると、F社では売上は増えているのに、利益は横ばいだということがわかります。

これはどういうことが予想されるでしょうか？

「利益よりも売上を優先したのか？」

「売上を増やしてもその分の経費が増えて儲けにつながらなかったのか？」

ということがまず推測されるでしょう。

またこの「売上が増えているのに利益は増えていない」という決算書は、もっとも典型的な脱税者の傾向でもあります。

「本当はもっと利益が出ているのに、どこかで誤魔化して利益を低く抑えている」というわけです。

税務署の調査官たちは、こういう決算書の事業者はまず最初に目をつけます。そして決算書のほかの項目を分析したりして、「なぜ売上が増えているのに利益が増えていないのか」ということを追及するのです。

たとえば、人件費の項目を見てみたら、人件費も非常に増加していたということがわかった、つまり売上が増えてもその分、人を多く雇用したので、利益につながらなかったということが判明するわけです。

しかし、そういう理由が一切見つからないようなときには、「脱税をしているのではないか」ということで、税務調査対象として選定することになるのです。

ただ、この傾向の企業は、脱税とはまったく逆の方向に行っているケースもあります。

それは「売上至上主義の落とし穴にはまっている」というケースです。

企業というものは得てして「売上を増やすこと」に熱中してしまうものです。本来、企業の目的は利益を上げることですが、売上を増やせば利益の増加にもつながることが多いので、「売上を増やすことが目的」になってしまうことも多々あるのです。

これが「**売上至上主義**」です。

この売上至上主義に陥ると、意外な落とし穴にはまることもあるのです。現場に売上を増やすようにハッパをかけ、現場は利益の薄い商品ばかりを大量に販売したり、値引きを販売して無理やり売上だけを増やしたりするのです。となると売上は増えているのに、利益は全然、増えないということになります。

大したヒット商品も出ていないのに、売上だけは毎年増加していて、利益は上がっていないという企業は、その可能性が大いにあります。

なので、投資家なども決算書にこの傾向があれば注意する必要があるでしょう。

売上は上下するのに利益はいつも同じくらい

売上は上下しているのに、なぜか経常利益はいつも同じくらいという企業も時々あります。

こういう企業は、粉飾をしている可能性があります。

普通、企業の業績というのは、いいときもあれば悪いときもあります。必然的に決算書も、利益が大きいときもあれば少ないときもあるものです。

しかし、計ったように毎年同じくらいの経常利益が出ている決算書は、嘘をついているか、不自然なことをしている可能性が非常に高いのです。なんらかの操作をして経常利益を一定に保っている可能性があるからです。

G社の「売上」と「経常利益」の推移

	売上	経常利益	備考
2018年度	18億2000万円	1億1000万円	
2019年度	14億5000万円	1億円	利益はほぼ横ばい
2020年度	17億1000万円	1億2000万円	利益はほぼ横ばい

たとえば上のG社のような決算書です。

売上は年によっては4億円近い差があるのに、利益にほとんど違いがありません。

売上が激しく増減しているのに、利益が一定ということは、経費を故意に増減させることで、利益を調整していると考えられます。

ただ違法的な粉飾決算を行っているかどうかはわかりません。合法的に無理に利益をねん出しているという可能性もあります。つまり、簡単に言えば、「儲かっていないときには、経費を切り詰める」ということです。

そして、こういう数値になっている企業は、それほど儲かっているわけではないことが多いのです。「儲かっていないけれど、利益を出さないとマズイから頑張って利益を出しました」ということなのです。

このような決算書は、実は上場企業でもよくあるのです。上場企業は、利益を出すことが至上命題でもあります。だから、儲かっていないときでもある程度は無理をして利益を出すものです。でも、あまりたくさんは出す体力がないので、毎年、例年並みの利益を出しているのです。

売上が下降し利益も下降

次に「売上が下降している企業」について見ていきましょう。

まず、「売上が下降し利益も下降している企業」です。

普通に考えれば、売上が下降すれば利益も下降します。そして、当たり前のことですが売上と利益が下降している企業は、決していい状態ではないと言えます。

ただ、その企業自体に責任があるのではなく、業界全体的にそういう傾向にあるのかもしれません。だから、売上、利益が下降している決算書を見たときには、その業界はどうなのかということもチェックしておきたいものです。そうやって、企業の本質に迫っていくわけです。

また売上と利益の下降にもいくつかパターンがあります。

次のH社の数字を見てください。売上と利益が比例するように下降しています。このケー

H社の「売上」と「経常利益」の推移

	売上	経常利益	備考
2018年度	18億2000万円	1億8000万円	
2019年度	16億8000万円	1億5000万円	売上も利益も下降
2020年度	15億9000万円	1億1000万円	売上も利益も下降

I社の「売上」と「経常利益」の推移

	売上	経常利益	備考
2018年度	19億1000万円	1億9000万円	
2019年度	18億1000万円	1億2000万円	利益が急下降
2020年度	17億8000万円	4000万円	利益が急下降

スは、「あまり景気がよくない」ということは言えます。が、まだそこまで差し迫った危機ではないとも言えます。

次にI社の推移を見てください。売上も下降していますが、それよりも利益の下降の仕方が激しいのです。企業の中には、売上が一定程度下降すれば利益が一気に減っていくものもあります。そういう企業は、要注意ということになります。

J社の「売上」と「経常利益」の推移

	売上	経常利益	備考
2018年度	19億5000万円	1億2000万円	
2019年度	17億4000万円	1億1000万円	利益はほぼ横ばい
2020年度	16億2000万円	1億2000万円	利益はほぼ横ばい

売上は下降しているのに利益はいつも同じくらい

売上が下降しているのに経常利益はいつも同じくらいという企業も時々あります。

上表のJ社の「売上」と「経常利益」の推移を見てください。売上は下降しているのに、利益はほとんど変わっていません。

こういう企業は、粉飾をしている可能性もありますが、営業努力をしている可能性の方が大きいと言えます。

普通に考えれば企業の売上が下降していれば経常利益も下降するはずです。なのに、経常利益が下がっていないとなれば、そこには必ず何らかの企業の作為があるはずなのです。

もしかしたら、売上が下がっているので企業が必死で経費削減などの努力をし、経常利益を確保できているのかもしれません。

一方、粉飾の可能性もあるにはありますが、それほど高くはありません。というのも、粉飾の定番の方法は「売上」を水増しし、それに応じて利益も水増しするというものです。なぜなら売上の粉飾はしやすいからです。売上の場合、子会社や関連会社に売ったことなどにすれば簡単に粉飾ができてしまうのです。

そして利益だけを粉飾すればいろいろ不自然な面が出てくるので、売上を粉飾してそれに連動させて利益も粉飾するというのが、もっともオーソドックスな粉飾の手口なのです。

だから売上の粉飾をせずに「売上が減少している」という時点で、粉飾をしている可能性は低くなります。

こういう企業の場合、「売上が減っている理由」「売上が減っているのに利益が維持できている理由」があるはずなので、それを掘り下げていけば真実が見えてくるはずです。

売上は下降しているのに利益は上昇

たまに売上は下降しているのに利益は上昇しているような企業もあります。

左上の表のK社のように売上は急激に減っているのに、利益は逓増《ていぞう》（少しずつ増えること）

K社の「売上」と「経常利益」の推移

	売上	経常利益	備考
2018年度	20億2000万円	1億1000万円	
2019年度	17億1000万円	1億6000万円	利益は上昇
2020年度	14億2000万円	1億8000万円	利益は上昇

しているようなケースがあるのです。

こういう企業は、営業スキームに何らかの変革を起こしている可能性が高いと言えます。

前述したように、企業というのは時々「売上至上主義」にはまってしまうことがあります。売上を増加させれば利益も連動することが多いので、「売上さえ増加させればよい」という考えに陥ってしまうのです。その結果、無理な売上増加策を行い、売上は増えているのに、利益は増えていないということになるのです。こういう企業は、売上が増えることで従業員の労力なども増えているものです。つまり「労は多いのに利は少ない」ということです。

が、企業もこれに気づき、売上を無理に増やさずに、確実に儲けの出る商売をしようということに切り替えたりすることがあるのです。

そうなれば売上は下降しているのに、利益は維持できているということもあります。また場合によっては利益が増えているということもあるのです。

だからこういう企業は売上は減っていても景気はいい場合が多いのです。

「現金・預金」が大事な理由

これまで、「売上」と「利益」を数年分の流れで見ることにより、業績が良好な企業を見つけ出す方法をご紹介しました。

これからは、そういう企業が儲かっているどうかを「現金・預金」から確認する方法をご紹介したいと思います。

企業が本当に儲かっているかどうかを判断する材料として、もっとも重要なものは「現金・預金」という勘定科目だと言えます。会社が順調に動いているのかどうかは、「現金・預金」に表れるからです。

「売上」「利益」が企業の決算にとって非常に重要な勘定科目だということは、みなさん理解できると思いますが、「現金及び預金」という勘定科目がどれほど大事なのかということは、理解されにくいようです。

「今の時代、別に現金、預金を持っていなくてもいいじゃないか」

と思う人も多いでしょう。

しかし、企業にとって「現金・預金」を適正に確保できるというのは非常に大事なことなのです。

現金を確保する方法は、「利益を上げる」ということだけではありません。銀行からお金を借りるという方法もあるわけです。

が、利益を上げるにしろ、銀行からお金を借りるにしろ、企業の経営状態が健全でなければ成しえないことです。銀行は、その企業の経営が危なかったり、何か不安な要素があればお金は貸してくれません。

だから自前のお金にしろ、銀行から借りたお金にしろ、とにかく現金を持っているということは、それなりに「力のある企業」ということが言えるのです。

国税調査官も、調査先を決めるとき、「現金・預金」の残高は必ず確認します。

国税調査官の仕事は追徴税を多く稼ぐことなので、税金を払えるだけの体力のある企業を狙わなければなりません。現金、預金がほとんどないような会社からは、そうそう追徴税が取れるものではないからです。

「現金・預金」は嘘をつきにくい勘定科目

企業が本当に儲かっているかどうかを知る上で、「現金・預金」の動きが大事だという理由の一つに、「現金・預金」が嘘をつきにくい科目ということがあります。

「売上」と「利益」の項目で儲かっている企業を見つける方法をご紹介してきましたが、「売上」「利益」については、企業側は嘘をつこうと思えば簡単につくことができます。

売上を誤魔化そうと思えば、請求書や納品書などを改ざんすればいいのです。公認会計士や税理士も、請求書や納品書が正しいものかどうかいちいちチェックしませんので、企業側は簡単に誤魔化すことができます。

もちろん、税務署は別ですよ。税務署はその辺は執拗《しつよう》にチェックします。ですが税務署も、「売上を抜いた場合」は厳しく追及しますが、粉飾の場合は、ほとんどスルーします。

だから、架空の売上を計上しても、決算書からはなかなかわからないことが多いのです。

そして、架空の売上を立てた場合、必然的に利益も増加します。架空の売上分だけ利益が増えることになりますので。

このように「売上」「利益」というのは、企業側が不正をしようと思えば簡単に操作可能なのです。だから、「売上」と「利益」の流れだけで、この企業は本当に儲かっているかどうかというのはわからないのです。

ところが、「現金・預金」というのは、簡単に嘘をつくことはできません。

なぜなら「現金・預金」の場合、公認会計士などがその真偽を確かめるときに手間はいらないからです。お金を数えて、預金残高を確認するだけで済みます。預金の場合は、銀行の預金残高証明書を確認すれば済みます。もし、銀行の残高証明書などを企業が偽造したりすれば、私文書偽造などの犯罪になりますので、そこまでやる企業はまずありません。

だから、企業としては誤魔化しようがないのです。つまり「現金・預金」は、会社の経営状態を正直に表す勘定科目と言えるのです。

そのため「現金・預金」の増減を追っていけば、企業の経営が傾いているようなときには、事前に察知することができるのです。

先ほども、「現金・預金」が減っている企業には、国税調査官はあまり調査に行かないと述べたのは、こういうことなのです。

現金は多すぎてもいけない

ただし「現金・預金」は多ければ多いほどいいかというと、そうでもないのです。

企業によっては、現金や預金を持ちたがらない場合もあります。「現金・預金」は、企業家にとっては「寝ている金」であり、お金を現金や預金で持っておくのはもったいないと思う経営者も多いのです。余分なお金があれば、常に有価証券を売買したりして、手元の現金・預金は少なくしておく経営者もいます。

株式会社は、株主から資金を集め、その資金を使ってお金を稼ぐことを目的にしています。株式会社の経営者は、「資金をいかに有効に使うか」ということに尽力しなければならないのです。

株主から見れば、もし手元に多額の「現金・預金」があるのであれば、「それを使って何か金儲けをしろよ」という話になるのです。特に、不特定多数の株主がいる上場企業などは、「お金の有効活用」について神経をとがらせています。

だから大企業の場合は、「現金・預金」はあまり持たないのが一般的なのです。

その一方で、中小企業の場合は、けっこう「現金・預金」を貯め込んでいるケースが多いです。

日本の中小企業の大半は、筆頭株主と経営者が同一ですから、経営者は必ずしも「お金の有効活用」に神経をとがらせなくていいのです。自分のお金ですから。むしろ、多くの中小企業は、なかなか銀行がお金を貸してくれなかったりするので、いざというときのために「現金・預金」はなるべく多く確保しておこうとします。

「現金・預金」の妥当な残高は、業種によっても違います。

現金仕入れなどが必要な業種や、人件費の多い業種は、常に多くの現金を持っておかなければならないし、仕入れのほとんどが買掛金で、人件費もそれほど多くないような業種では、現金が少ない場合もあります。

つまり、この「現金・預金」の額も、ただ1年分の貸借対照表を見ただけではそれが妥当な数字がどうかはわからないということです。だから、単年の「現金・預金」の残高を見るだけではなく、その推移を見るべきなのです。

そして「現金・預金」はどういう状態がベストなのか、というと、「激しい増減がないこと」です。企業の「現金・預金」の残高が大きく変動するときというのは、ほとんどが特殊な事情があるケースです。

もちろんそれは必ずしも経営が悪化したケースだとは限りません。事業形態を変えたために、現金が多く必要になったり、逆に必要でなくなったりするケースもあります。しかし、いずれにしろ、ステークホルダーは注意を要する事態ではあるのです。

嘘をついていない会社の「現金・預金」

そして「売上」「利益」と絡み合わせて「現金・預金」の数年分の推移を見ると、飛躍的にその企業の経営状態が見えてくるようになるのです。

本当に儲かっている会社や、本当は儲かっていない会社の「現金・預金」がどうなるのか、具体的にご説明していきましょう。

まず、本当に儲かっている会社の場合です。

次の表は62ページでご紹介した順調に売上と利益が増えているE社のものです。

売上、利益と同様に「現金・預金」も増えています。が、「現金・預金」は売上や利益ほど増加は大きくありません。

これはどういうことかというと、前項で述べたように「現金・預金」は企業としては残せるだけ残してもあまり意味がないので、儲かって「現金・預金」が増えたならば、それをほ

E社の「売上」と「経常利益」「現金・預金」の推移

	売上	経常利益	現金・預金
2018年度	15億5000万円	1億9000万円	1億2000万円
2019年度	16億8000万円	2億3000万円	1億4000万円
2020年度	18億6000万円	2億6000万円	1億5000万円

かの投資に回すということです。

大きな投資に回さなくても、儲かった年は会社の設備を整えたり、古くなったものを新調したりするものです。だから、「現金・預金」は利益の伸びに比べれば鈍い伸びになることが多いのです。これがだいたい「儲かった企業の普通の状態」と言えるでしょう。

だから売上や利益に比べて「現金・預金」の伸びが悪くても、「怪しい」と思う必要はありません。「現金・預金」はそれほど大きく増えなくても、着実に増えている、もしくは現状維持していれば、それほど問題はないのです。

売上も利益も横ばいなのに現金が減っている会社は要注意

「売上」「利益」「現金・預金」の数年分の推移を見るとき、一番、ヤバイ決算書というのは、「売上と利益は横ばいなのに現金・預金が急激に減っている」というものです。

そういう決算書は、売上や利益を粉飾している可能性があります。

売上や利益は、比較的簡単に粉飾できるけれど、現金・預金というのは、そう簡単に粉飾できるものではありません。

だから、「売上や利益はうまく化かしているけれど、現金・預金でシッポが見えている」という状態になっている可能性があるのです。

粉飾している企業、業績が急に悪化している企業は、「現金・預金」の残高が急に減少していることが多いものです。業績が悪化すれば、それだけお金が会社から出ていくわけなので、現金・預金に如実《にょじつ》に表れるのです。


カネボウがそのいい例です。

カネボウは明治20年創業の、言わずと知れた日本を代表する紡績会社《ぼうせきがいしゃ》でした。戦前、紡績業は日本の主力産業であり、日本産業の中心的な企業でもありました。

カネボウは紡績業だけではなく、化粧品や食品、レジャー産業など広く事業展開をし、テレビCMなどもよく行っていました。30代以上ならば誰でも知っている企業名ではないでしょうか？　ちなみに現在も化粧品については、カネボウに名称が残されています。

このカネボウは、２００５年に粉飾決算が発覚し、２００７年に解散してしまいます。

次ページの表を見てください。

カネボウは、会社が破たんする直近の4年間、売上も利益も良好な数値でした。

しかし、現金・預金が急激に減っています。２００４年３月期には、１２８億円以上あった現金預金残高が、２００７年3月には10分の1以下の12億円程度になっています。

つまり、売上や利益については、粉飾決算をしていたので良好に見せかけることができていたわけです。が、現金・預金の減少については隠しようがなく、ここに企業業績悪化の実態が明確に表れていたのです。

このように、「売上」「利益」だけではわからないような企業の経営実態が、「現金・預金」を絡めることで浮かび上がってくることも多々あるのです。

ちなみにカネボウの粉飾決算を事前に察知した会計の専門家などはほとんどいませんでした。というより、ほとんどの粉飾決算事件において、事前に把握している会計専門家はいないのです。様々な難しい分析比率を用いても、「企業の本質」はなかなか見抜くことができ

カネボウの「売上」「利益」「現金及び預金」の推移

単位：100万円

	売上	営業利益	現金及び預金
2004年3月期	228,129	11,770	12,867
2005年3月期	228,838	19,185	7,387
2006年3月期	237,515	20,509	3,626
2007年3月期	233,216	21,984	1,234

ないというわけです。

それよりも、「現金・預金」という簡単な勘定科目をしっかり追っていくことの方が、よほど重要なことなのです。

企業の決算書を見る方法

決算書の読み方がわかったところで、実際に決算書を見てみたいですよね？

上場企業は、決算書の開示を義務付けられています。

そして上場企業の決算書は、雑誌などで取り上げられていることも多く、中でも『四季報』が有名です。が、この『四季報』は、決算書を抜粋して記載されているので、これだけを見てもあまり役に立ちません。

昨今ではほとんどの上場企業は、自社のホームページで決算書を開示しています。そして、株主総会のときに株主に配布した決算資料などもここで開示している企業が多いです。だから、上場企業の場合は、その会社のホームページにアクセスするのが一番手っ取り早いと言えます。上場企業じゃなくても、決算書をホームページで開示している企業もけっこうあります。

また普通の人が決算書を見る際に、非常に役に立つサイトに「ＥＤＩＮＥＴ」というものがあります。

ＥＤＩＮＥＴは金融庁がつくっているサイトで、上場企業の決算書5年分がすべて無料で見られるようになっているのです。しかも、決算書だけではなく、事業概況など、有価証券報告書に記載された内容も見ることができます。

ＥＤＩＮＥＴの操作は簡単です。

ＥＤＩＮＥＴにアクセスし、検索のページで調べたい企業名を打ち込めばいいだけです。

ＥＤＩＮＥＴのＵＲＬ

https://disclosure.edinet-fsa.go.jp/

今さら人に聞けない会計基礎知識

――「売上総利益」「営業利益」「経常利益」「純利益」

企業の儲けを示す一番わかりやすい勘定科目は「利益」です。

利益という言葉は、会計にまったく疎い人でもわかるはずです。

が、この利益という勘定科目は、会計用語の中でいくつも種類があります。

「営業利益」「経常利益」「純利益」……

ほかにも「粗利」という言い方もあります。

こうなると、会計初心者にとっては「もう何が何だかわからない」ということになるのではないでしょうか？

「利益だけでこんなに種類があったら到底覚えられない……」

そんなふうに思ってしまいたくなる気持ちもわからないではありません。

が、一つずつ意味を確認していけば、このたくさんの利益たちのことも簡単に理解できますし、それほど恐れるものではありません。

売上 − 商品原価 ＝ **売上総利益**

●売上総利益とは？

売上総利益というのは、その企業の商品（サービス）に関する儲けを示しています。

具体的に言えば、売上から商品原価を差し引いたものが売上総利益ということになります。

そしてこの売上総利益のことを「粗利」という呼び方もします。

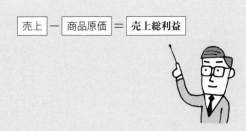

もし、この売上総利益が出ない場合、つまり売上から商品原価を差し引いたらゼロかマイナスになる場合は、「原価割れ」ということになります。つまり、売れば売るだけ損をするということです。こういう商品（サービス）は、いくら売っても儲けることはできないので、事業計画を練り直すか廃業しなければならないでしょう。

原価割れにならなければ、たくさん売ることで儲けを出

売上 − 商品原価 − 販管費及び一般管理費 ＝ **営業利益**

すことができるのです。

●営業利益とは？

営業利益は、その企業が「本業」で稼いだ利益のことを言います。

具体的に言えば、売上から商品原価を差し引き、さらに「販管費（販売管理費）及び一般管理費」などを差し引いた残額のことです（一般管理費などについては次の章で解説します）。

事業の経費の中には、商品原価（商品を調達するためのコスト）以外にも、営業や事務に関する費用がかかります。その費用を差し引くことで、その企業の事業における損得がわかるのです。

この営業利益がプラスになれば、その企業がその事業をやっていれば儲けることができるということになりま

売上 － 商品原価 － 販管費及び一般管理費 ± 営業外の利益や費用 ＝ **経常利益**

す。

●経常利益とは？

経常利益は、営業利益から本業以外の営業外収益や営業外費用を足し引きした利益のことです。

企業には本業以外の利益や損失が生じることがあります。たとえば本業のほかに、不動産を持っていて賃貸収入を得ているケースもあります。そういう収入が、営業外収入として加えられるわけです。また他社の株や有価証券を持っていればその配当金なども、ここで加えられます。

借金をしていてその利子を払ったような場合は、その利子が営業外費用として差し引かれます。

つまりは、その企業が「稼いだ利益（費用）のすべて」ということです。

経常利益 ＋ 特別利益 − 特別損失 − 税金 ＝ **純利益**

●純利益とは？

純利益というのは、経常利益から「特別利益」や「特別損失」を足し引きし、さらに税金を差し引いた残額のことです。

企業には、通常の営業では生じないような特別な利益や損失が生じることがあります。たとえば、自社ビルを売却したときに得た利益や、取引先が倒産して生じた損失などです。これらの「特別利益」や「特別損失」を、最後に加味するわけです。

そして、利益には法人税などの税金が生じますので、これも差し引きます。すると、その企業に残る「純然たる利益」が算出されます。これが純利益というわけです。

第三章

決算書の嘘を見抜く

あと五つだけ勘定科目を覚えてください

前章までで、「売上」「利益」「現金・預金」という三つの勘定科目だけで、決算書を読み解く方法をご紹介してきました。

この三つの勘定科目だけでも相当なことがわかりますし、決算書の本質については、この三つの勘定科目を追うだけで十分に理解できるのです。

しかし、「売上」「利益」「現金・預金」を追うことでつかんだその決算書の本質について、もう少し詳しく分析するために、あと五つばかり勘定科目を覚えていただきたいと思います。

その五つとは**「原価」「一般管理費」「人件費」「売掛金」「利益剰余金」**です。

繰り返しますが三つの勘定科目だけでも十分に決算書は読み解くことはできます。しかし、あと五つ覚えることで、さらに詳細な分析が可能になるということです。

そして、この八つの勘定科目を覚えておけば、決算書の内容はほぼ理解できると言っていいでしょう。

もし、「勘定科目を三つ覚えるだけで決算書が読めるようになると言ったじゃないか！

もうこれ以上、勘定科目を覚えるつもりはない！」という方がおられましたら、無理に覚えろとは言いません。覚えなくても決算書は読めますから。だから、そういう方はこの章は適当に読み流してください。

新しく登場する五つのうち、「原価」「一般管理費」「人件費」は、損益計算書の勘定科目です。つまりは、この「原価」「一般管理費」「人件費」は、企業の経営活動の中の「取引」を表す勘定科目なのです。

そして「売掛金」「利益剰余金」は貸借対照表の勘定科目です。ということは、「売掛金」は「資産」を、「利益剰余金」は、「純資産」を表す勘定科目ということです。

まずは損益計算書の勘定科目「原価」「一般管理費」「人件費」からご説明していきましょう。

「原価」「原価率」って何？

損益計算書には「原価」という勘定科目があります。

原価とは、その企業が扱っている商品（サービス等も含める）を調達する費用のことです。

経費

↓ 商品の調達に直接関係するもの → 原価

↓ 商品の調達に直接関係しないもの → 一般管理費

販売業であれば商品の仕入価格のことです。製造業であれば、材料の購入費や製造経費を合計したものです（厳密には若干違いますが）。

損益計算書は「売上から経費を差し引いて利益を算出するもの」だということを前にご説明しました。

このとき売上から差し引く「経費」には、ざっくり言って2種類あります。

それは、「商品の調達に直接関係するもの」と「商品の調達に直接関係しないもの」です。

そして、「商品の調達に直接関係するもの」が「原価」であり、「商品の調達に直接関係しないもの」が後にご説明する「一般管理費」となります。

この「原価」を知れば、決算書の見方がグンと広がります。

売上に対して原価の占める割合を表したものが、**原**

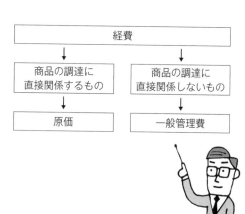

価率です。よく使われる言葉なので、ご存じの方も多いはずです。

原価率は原価を売上で割れば算出できます。

たとえば、売上が100万円、原価が70万円だった場合は、70万円÷100万円で、原価率は70％ということになります。会計をかじったことがある人にとっては、原価率などごくごく初歩的なものでしょう。

決算書を読み解くにあたって、この原価率は有効なツールの一つです。

筆者はこれまで「比率分析などはそれほど重要ではない」と述べてきました。それは間違いないことです。が、比率分析を覚えればその分、決算書の見方が広がることにもなります。だから、比率分析もいくつかは覚えておいて損はないのです。

そして比率分析の中でも、一番汎用性があり、役に立つのがこの「原価率」だと言えます。

原価率を知ることでその企業の経営スキームが見えてきます。

たとえば、原価率が高い企業は、一つひとつの商品（サービス）の利益が少ないということであり、必然的に「モノをたくさん売らなければならない」ということになります。いわゆる「薄利多売」ということです。

原価率＝原価÷売上

また逆に原価率が低い企業は、一つひとつの商品（サービス）の利益が大きいということであり、売上の数自体は少なくていいのです。

また業種によっても、原価率に特徴が出てきます。

卸売業などは、原価率が非常に高いので、商品を大量に仕入れて大量に売りさばかなくてはならなくなります。こういう業態の場合、「売上が減る」ということはすぐに経営悪化につながります。

逆にブランド品や高級品の製造販売などは、原価率が低いことが多いものです。一つひとつの商品の利益が大きいので、売上個数自体は少なくても商売になるのです。こういう業態は、「商品の信用」が経営にとって重要な要素となります。

「原価割れ」とは？

「原価割れ」という言葉を聞いたことがある方も多いはずです。

原価割れとは、つまりは商品の販売価格よりも、その商品を調達する価格（仕入れもしくは製造する価格）の方が高くつく状態のことです。つまり、企業は売れば売るほど損をする、ということになるのです。商品の価格は、市場によって決まるものなので、原価がいくらかかったとしても、市場がその商品にその価値を認めなければ、原価を割ることもあるのです。

通常の企業活動の中では、「原価割れ」ということは生じません。わざわざ損をすることをするバカはいませんからね。しかし、特殊な状況のときには原価割れが生じます。

それは、その商品を仕入れた後に価格が暴落したり、当初、思った以上に原価（製造コストなど）がかかったようなときです。

そういう場合、もう原価という費用は発生しているのですから、原価割れしているからといって、売らずに抱え込んでいると、その費用全体が損失額になってしまいます。損失額を少なくするためには、原価割れでも売らなくてはならないわけです。

原価率を数年で見比べてみよう

この原価率も「数年分を見比べる」という手法を使うことにより、非常に効力がアップします。

単年だけの分析では、その企業や業界の経営スキームがわかるだけですが、数年分見比べると「企業経営の実態」が見えてくるのです。

原価というのは、売上が増えれば当然増えるものです。原価が増えないのに、売上だけが増えるということはまずないのです。仕入や製造をしないのに、売上が計上できるわけはないのですから。

だから売上の増減と原価の増減が一致していれば、あまり問題はないと言えます。しかし、売上の増減と原価の増減が一致していなければ、その会社には何らかの事情があるものと考えられます。

この売上の増減と売上原価の増減が一致しているかどうかチェックできるのが、「原価率」となります。

原価率が下がっている場合は、つまり利益率が大きくなっているということです。同じ売上でも、多くの利益を得ることができます。

この通りになっていれば、企業にとっては喜ばしいことです。

しかし、現実には原価率が下がっているということは、売上の減少を、原価の引き下げでカバーしていることが多いのです。

もしその企業が画期的な合理化に成功したなどの特殊事情がなく、ただ単に企業の売上が上がり、原価率も下がっている場合は、「景気が悪いので無理に原価を下げている」という可能性を見るべきでしょう。

違法的な粉飾はしていなくても、下請け業者や納品業者に無理な価格引き下げを要求したり、無理なコスト減をしている可能性があり、いずれにしても景気はあまりよくないと言えます。

「一般管理費」が減っている会社は景気が悪い

損益計算書には「**一般管理費**」という勘定科目もあります。

一般管理費は、商品の調達には直接関係のない社員の給料や、オフィスの家賃や運営費など、会社を動かしていくためにかかる費用のことです。

この一般管理費は、その会社が景気がいいかどうかのバロメーターだと言えます。

会社が経営をスリム化しようとする場合、まず最初に手をつけるのが一般管理費です。商品の原価などは、技術的な問題がありますので、そう簡単には減らすことはできません。無理に商品原価を下げようとすれば、品質の低下を招き、それが売上減につながることもあります。

しかし、一般管理費はやろうと思えばすぐに削減することができます。残業を禁止にしたり給料をカットしたり、社員の福利厚生を削ったり、事務所の場所を家賃の高いところから安いところに動かしたりなどは、すぐに始めることができるからです。

一般管理費が減っている会社は、企業組織の合理化、リストラを進めているということも言えます。だから違う言い方をすれば「企業体質は改善されている」ということも言えます。ただ儲かっているか、儲かっていないかといえば、儲かっていないのです。

毎年、利益が一定に出ている企業などで、一般管理費が下がり続けている企業は、利益を出すために一生懸命一般管理費を下げている、ということが言えるでしょう。

国税調査官も、一般管理費が下がっている会社にはまず調査には行きません。

「この会社は利益を出すために、無理をしている」

と判断できるわけで、脱税をしている余裕などはないからです。

会計初心者の方などは、特にこの一般管理費に着目してみるといいでしょう。決算書3〜4年分の一般管理費を見比べてみれば、その企業が儲かっているかどうかがわかります。

従業員や人件費が減っている会社は要注意

「一般管理費」が減っているのを見つけたら、次はさらに人件費を見てみましょう。

人件費が減っているかどうかで、その企業の業績が本当にいいのかどうかを占えるからです。

前にご紹介したEDINETの企業情報の中には、「従業員の状況」という資料もあります。これには従業員の数や平均給料、平均在籍年数などが記載されています。

これは、企業の趨勢《すうせい》を占う上で、非常に重要な情報だと言えます。企業の分析には欠かせないものです。

ですから決算書を見るときには、この「従業員の状況」も見てみましょう。企業の内部の状況がより鮮明に見えてくるはずです。

たとえば「従業員数」を数年分見比べて、社員が増えている会社は、景気がいいということが言えます。

平均給料についてもしかりです。

景気がいい会社は、給料やボーナスを上げるので、平均が増加します。反対に景気が悪い会社は、残業などを減らすので、平均給料が減ります。だから平均年間給与の数年分の増減を見るだけでも、その会社が儲かっているかどうかがわかるのです。

また平均勤続年数も重要な情報です。

在籍年数を数年間見比べて、数値が伸びているようであれば、退職者は少ないということになります。在籍年数が減っている場合は、退職者が多いということであり、企業の運営としては何か事情があると推測できます。リストラを進行中か、会社の雰囲気が悪く従業員が居つかないということも考えられます。

また団塊《だんかい》の世代が大量に退職したことも考えられます。そういう事情があれば、「概況《がいきょう》」に書かれているはずです。こういう情報も、企業の趨勢を占う上で貴重なものなのです。

企業は決算書の数値については、神経を使って辻褄《つじつま》を合わせてきますが、こういう付帯情報については、無防備な場合が多いのです。だから、こういう付帯情報から企業の真実が見えてくることもあります。

国税調査官が税務調査先を選定するときも、従業員の増減は重要な情報になります。従業員が減っている会社は、まず税務調査先として選びません。給料を払えずに従業員が減っているような会社が、脱税をしている可能性は低いからです。

売掛金とは？

次に、「貸借対照表」の勘定科目「**売掛金**」をご紹介しましょう。

商品（サービス）が売買されたときの会計の流れ

売買成立

↓

代金が支払われるまで一旦、
「売掛金」として記帳される

↓

支払い（手形、振り込み、現金など）が行われると、「売掛金」は支払い方法に応じて「受取手形」「現金・預金」などに記帳替えされる。

売掛金とは、企業が取引先に商品（サービス）を販売して、その代金がまだ入金されておらず、手形などももらっていない状態の債権のことです。

企業間の取引では商品やサービスを売った場合、売買契約が成立してから、代金を支払うまでにはタイムラグがあることが多いものです。個人の買い物の場合は、ほとんど商品を受け取るときに代金を払いますが、企業間の場合はそうでないことが多いのです。

商品を納品し、顧客が検品してＯＫが出れば、請求書を発行します。顧客はその請求書を見て、代金を振り込んだり手形を発行したりします。

つまり、売買取引は成立しているけれど、代金決済はまだの状態の期間があるのです。数日の場合もありますが、数か月に及ぶこともあります。

そして、売買取引は成立しているけれど代金決済が行われていない状況のとき、売った側の企業にはお金を受け取る権利があるわけです。この売買代金を受け取る権利のことが「売掛金」として帳簿に記載されるのです。

この売掛金は、振り込みなどがあった場合は、無くなります。それに代わって、その分の現金・預金などが増えるのです。

しかし、事業年度のうちには、代金決済されずに売掛金のまま残ってしまうものもあります。それが、貸借対照表の「売掛金」の額になるのです。

決算書の嘘は「売掛金」に集約される

企業が粉飾決算などをしたとき、売掛金の動きに変調が生じます。決算書の嘘がもっとも表れやすい勘定科目が「売掛金」だと言えます。

というのも、企業が粉飾をするときに、もっとも多い手口は、売上を水増し計上するものです。そして売上を水増し計上した場合、どうしても売掛金が膨れ上がってしまうのです。

カネボウの粉飾（2003年3月期）

単位：100万円

	売上	売掛金	現金・預金
粉飾数値	233,216	73,722	1,234
真実の数値	224,856	54,333	1,234

たとえば、粉飾決算を繰り返し2007年に解散したカネボウの決算書を見れば、それが顕著です。

カネボウの粉飾も「売上を水増しする」という手口でしたが、水増しされた売上のほとんどは売掛金として処理されていました。上表のように、「現金・預金」の数値はまったく粉飾されていません。

しかし、売掛金だけが膨張しているのです。売掛金の数値を書き換えるという粉飾の典型的な事例だと言えます。

売上は、だいたい次ページの図のような手順で経理処理されます。

売上金は、一旦、売掛金に計上され、代金として受取手形をもらったときに受取手形に計上されます。そして代金を直接現金や振り込みで払ってもらったり、受取手形を現金化した場合に、「現金・預金」に計上されるのです。

前述しましたように「現金・預金」の額の真偽は、すぐに確認で

売上の経理処理の手順

売上計上

↓

売掛金計上

↓

受取手形などに計上

↓

現金預金などに計上

きます。

しかし、売掛金の残高が正しいかどうかというのは、なかなか確認できるものではありません。

売掛金においては、取引者同士の約束があるだけで、手形や現金などの現物はないからです。

もちろん取引者の間では、口約束ではなく、契約書を交わしたり、請求書や納品書を出したりしているので、まったく何の証拠もないわけではありません。

しかし、契約書や請求書などというのは、簡単に偽造することができるものです。もし、それが本物かどうかを確かめるためには、取引先すべてに確認を取らなければならないのです。

だから、企業は売上の水増しをした場合、その売上は、とりあえず売掛金として処理します。売掛金にしておけば、外部に水増しが発覚することはないからです。

そのため、売掛金が急増しているような企業は、要注意なのです。

利益 − 税金 − 株主への配当 ＝ 利益剰余金

利益剰余金（内部留保金）とは？

貸借対照表からもう一つ覚えていただきたい勘定科目は「**利益剰余金**」です。

利益剰余金とは、ざっくり言えばその企業の蓄積した富を表す勘定科目です。

企業が利益を出した場合、その利益からまず税金（法人税など）が差し引かれます。そして株主へ配当されます。その残額が利益剰余金ということになります。

毎年、たくさんの利益を出している企業の場合は、この「利益剰余金」が蓄積されていきます。だから、ざっくり言えば、利益剰余金が多い企業は、「利益が蓄積された会社」ということができます。

そして、よくニュースなどで**内部留保金**という言葉が使われますが、内部留保金と利益準備金は、ほぼ同義語です。内部留保金というのは正式な勘定科目ではなく、企業が自社の内部にため込んだ利益のことを総称した言葉なのです。

「内部留保金には設備投資も含まれる」ってどういうこと？

昨今、日本企業の内部留保金が多すぎるというような話がよくあります。

現在、日本の企業は500兆円以上の内部留保金を持っています。実に、日本の1年分のGDPに近い金額です。

この日本企業の内部留保金について、

「日本企業はお金をたくさんため込んでいるのだから、もっと社員の給料を上げるべきだ」

と主張する人もいます。多くのサラリーマンはこの主張に同感すると思われます。

その一方で
「内部留保金（利益剰余金）は設備投資なども含まれるので必ずしも企業の預貯金ではない。また将来のリスクに備えるものでもあり、企業にとっては必要なものだ」

と主張する経済評論家などもいます。

「内部留保金は設備投資なども含まれる」

などと言われると、会計に疎い人は何のことかさっぱりわかりませんよね？　だからそういう主張を持ち出されると、だいたいの人は口をつぐんでしまいます。

一体、「内部留保金は設備投資なども含まれる」とはどういう意味なのでしょうか？

内部留保金というのは、現金預金として貯め置かれたものだけを指すのではなく、設備投資をしたときの資産も内部留保金に換算されています。

というのも、121ページでも説明しますが、設備投資をした場合、投資した金額がすべてその年の経費で落とせるわけではなく、その設備を使用する年数に応じて少しずつ経費化していくことになります。

たとえば、ある会社がある事業年度に20億円の利益が出たとします。この20億円を使って工場を建てました。工場の耐用年数は20年とします。となると、1年目に経費化できるのは1億円だけです。この1億円は減価償却費として経費に計上できますが、残りの19億円は「固定資産」として会社の内部に残ることになります。

つまり、この会社は20億円の利益を全部工場の建設に回しているのに、貸借対照表の上では、使われた利益は1億円に過ぎず、19億円が企業内部に保有されているということになるのです。

だから、帳簿上の内部留保金（利益剰余金）が多いからといって、それがすべて現金や預金で蓄積されているわけではないというわけです。

では、その主張に従って、日本のサラリーマンは賃上げを我慢しなければならないのでしょうか？

実はこの問題には、さらにその先の話があります。

というのも、会計理論上は、確かに「内部留保金イコール企業の預貯金ではない」というのは間違いではありません。また将来のリスクに備えるために、企業の預貯金は必要というのも、正論といえば正論です。

が、日本企業の場合、その理論通りには行っていないのです。

というのも日本企業の内部留保金は、設備投資にはあまり使われず、現金・預金などの流動資産として残っているものが大半なのです。

日本企業が保有している手持ち資金（現金・預金など）は、２００兆円以上あります。つまりは、内部留保金の半分は預貯金として企業に留め置かれているのです。

これは、経済規模から見れば断トツの世界一であり、これほど企業がお金を貯め込んでいる国はほかにないのです。ざっくり言えば世界一の経済大国であるアメリカ企業の２・５倍の預貯金を日本企業は持っているのです。

いくら将来のリスクに備えるといっても、アメリカ企業の２・５倍もの預貯金を貯め込んでいるというのは、絶対に多すぎなのです。

だから日本のサラリーマンはもっと給料を上げてもらってもいいのです。というより、上げてもらうべきなのです。この件については、１８０ページ以降でも詳しく述べます。

決算書には「嘘」がたくさん

決算書を読み解く上で、みなさんに肝に銘じておいていただきたいことがあります。

それは「決算書には嘘がたくさんある」ということです。

これまでも何度か述べましたが、そもそも決算書は、〝企業が自分でつくるもの〟です。いわば自分の成績表を自分でつくるのと同じことです。当然、自分に都合のいいようにつくるわけです。しかも決算書というのは、密室でつくられるものです。だから、嘘をつこうと思えば簡単なのです。

監査法人や税理士が、決算書をチェックすることになっていますが、彼らも企業から雇われた身分です。

あまり企業が嫌がることをすれば職を失ってしまいます。だから、彼らのチェックというのは甘くならざるを得ないのです。

なぜ企業は嘘の決算書をつくってしまうのでしょうか?

企業の決算書は、企業自体の趨勢を左右するからです。

決算書に計上された利益が少なければ、上場企業ならば株価が下がってしまいます。上場企業じゃなくても、銀行が取引をしてくれなくなる恐れがあります。となると、企業は途端に資金繰りが行き詰まり、下手をすれば倒産してしまうこともあるのです。

また大企業の中には、「赤字企業とは取引しない」というところもあります。となれば、その大企業と取引をするためには、頑張って決算を黒字にしなければならないのです。

公共事業の受注なども、黒字企業が前提となっていることが多いのです。だから公共事業を専門にしている企業などは、絶対に赤字にすることはできないのです。

そうやって、企業は利益を大きく見せかけようとするのです。

かといって、利益が大きすぎるのも企業にとっては好ましくないのです。利益が多すぎれば、多額の税金がかかってしまうからです。

だから、企業は〝ちょうどいい利益〟を出すために、決算書を操作するのです。

決算書は簡単に操作できる

そもそも、決算書というものは、非常に曖昧な部分が多いのです。

決算書は一定のルールに従ってつくられています。だから建前の上では、嘘が生じることなどそうそうあるはずがないことになっています。

しかし、企業活動においては、非常に膨大で詳細なデータのやり取りが生じます。その膨大で詳細なデータの取り扱いについて、すべてについてきっちりルールが定められているわけではありません。

なので、企業活動の数字というのは、ある程度、企業側にその扱いが委ねられているものなのです。

たとえば「**不良債権**」です。

売掛金や貸付金などの中には、相手先が払う見込みがないもの、つまり不良債権が含まれていることがあります。会計ルールから言えば、不良債権が生じた場合、「貸倒損失」を計上しなければならないことになっています。

しかし「何をもって不良債権とするのか」という明確な基準はないのです。

倒産したり、不渡りを出した相手先の債権は、当然不良債権となりますが、その前の段階で、「業績が思わしくない」「支払いが滞っている」というような相手先の債権は、どれが不良債権なのかを区別することは難しいのです。

なので、あまり業績のよくない企業は、なかなか不良債権を損失として計上せず、気づいたときには炎上していた、というようなことが多々あるのです。

これはほんの一例であって、企業が決算書を恣意的《しいてき》に操作する方法は、ほかにもいくらでもあります。

このように、決算書というものは、作り方が非常に曖昧で、嘘をつくことは実に簡単なのです。だから決算書を読む際には、くれぐれもこのことを念頭に置いておかなければならないのです。

そして「本当に儲かっている会社を見抜く」ためには、各企業の決算書の「嘘を見抜くこと」をしなくてはならないのです。企業が隠そうとしている真実をあぶり出し、企業の決算書に騙されないようにしなくてはならないのです。

そして決算書の嘘を見破る方法として、もっとも効果的なのは、本書で何度もご紹介してきた「いくつかの勘定科目を数年分見比べる」という方法です。これを用いれば、決算書の嘘の大半はあぶり出されてくるのです。

というよりも、むしろ、小難しい分析などをすればかえって決算書の嘘は見えなくなってしまいます。

また「いくつかの勘定科目を数年分見比べる」という方法を使って企業の嘘をあぶり出せば、「本当に儲かっている企業」を逆に抽出することもできるというわけです。

嘘をつきやすい勘定科目、嘘をつきにくい勘定科目

前章では、「現金・預金は嘘のつきにくい勘定科目。これを追っていけば企業の本質が見える」ということをご紹介しました。

「現金・預金」に限らず、決算書には嘘をつきにくい勘定科目というものがあります。また逆に嘘をつきやすい勘定科目というものも存在します。

たとえば、嘘をつきやすい勘定科目の代表的なものに「売掛金」があります。

売掛金がなぜ嘘をつきやすいかというと、売掛金は数字を書き換えるだけで、誤魔化すことができるからです。

嘘をつきやすい勘定科目

- 売上
- 一般管理費
- 売上原価
- 商品在庫
- 減価償却費
- 売掛金
- 買掛金
- 固定資産

嘘をつきにくい勘定科目

- 現金・預金
- 受取手形
- 支払手形
- 土地

本来は、1億円の売掛金しかないのに、帳簿上には1億2000万円と記載しておいたとします。それを公認会計士や税理士などが、嘘かどうかを見破るのは、なかなか難しいものがあるのです。

　売掛金の金額が正しいかどうかは、取引先と照合しなければなりません。売掛金は、その数が膨大に及ぶので、会計を監査する側は、その真偽をすべて確認することは不可能なのです。

　嘘をつきにくい勘定科目の代表的なものは、何度か触れた「現金・預金」なのですが、残念なことに決算書の中には、嘘をつきやすい勘定科目の方が圧倒的に多く、嘘をつきにくい勘定科目は少ししかないのです。

となると、決算書の嘘を見抜くためには、嘘をつきやすい勘定科目に惑わされず、嘘をつきにくい勘定科目の動きをしっかり追っていく、ということが大切なのです。

たとえば、売掛金が増えていても、現金・預金が減っていれば、その企業はあまり景気がよくないということです。実際の決算書は、そう単純ではありませんが、簡単に言えばそういうことです。

四半期決算を見比べてみよう

これまで、いくつかの勘定科目の数年分を見比べれば、決算書は読み解けるということをご紹介してきました。

この「数年分」よりももう少し短いスパンで、時系列的に追っていくという読み方もあります。

「四半期の決算書を見比べる」

ということです。

四半期の決算書とは、一年を4回に分けて3か月ごとにつくられる決算書のことです。2

003年から上場企業に義務付けられています。普通の決算書とほぼ同じ形態でつくられますが、細かい数字などは簡易な計算でいいことになっています。

この四半期決算書を活用すれば、より短いスパンでの企業の経営の動きを見ることができます。

また粉飾の疑いがある企業などに対しては、決算書の嘘の重要な情報をつかむことができます。

この四半期決算書で、もっとも重要な見方は、最終期の収益の動きです。

たとえば第3期まで赤字にもかかわらず、第4期になって急に黒字になるという決算書は、要注意です。

年度末になって粉飾をした可能性があるからです。

粉飾や脱税などの不正な会計操作は、通常、決算期末か決算後に行われるものです。事業年度の途中で、あらかじめ粉飾や脱税を行うというような手回しのいい企業は、多くはありません。ほとんどの粉飾企業は、決算期に近くなってから、業績の趨勢がわかってきて、不正工作を始めるのです。だから、必然的に、不正工作は期末に集中することになります。

そのため、四半期の中で「決算書の矛盾」がもっとも表れるのは最終期なのです。

たとえば、業績があまり思わしくない会社は、期末になって粉飾工作をします。だから、第4期の決算書だけが、他の3期に比べて飛び抜けて業績がいいのです。

企業によっては、年度末に全体の調整をするので、第4期の利益が大きくなるというようなケースもあります。また決算に近づけば、販売促進に拍車がかかるため、第4期の売上が大きくなるというケースもあります。だから一概に、第4期の利益が大きい場合に、粉飾をしていますということは言えません。

が、粉飾決算をしている企業の多くは、第3四半期までは赤字で、第4四半期に急に黒字になるというパターンをたどっています。だから、この手の決算書は、不正工作が疑われる要素は大いにあるのです。

たとえば、2007年に倒産したIT企業のアイ・エックス・アイの粉飾が、そのわかりやすい例です。

1989年に創業したアイ・エックス・アイは、コンピュータ機器の販売、LAN工事などの情報サービス事業を展開していました。飛ぶ鳥を落とす勢いで急成長し、2002年にはナスダック・ジャパンに上場、2004年には東証二部に上場しました。

しかし、急に会社を大きくした無理がたたって、2005年くらいから粉飾をはじめ、2

アイ・エックス・アイの四半期別売上高の推移

単位：100万円

	2004年3月期	2005年3月期	2006年3月期
第1四半期	2708	3421	7723
第2四半期	2136	3354	8145
第3四半期	3901	3863	10681
第4四半期	2601	6991	13786

006年の暮れにそれが発覚、翌2007年に倒産したのです。

アイ・エックス・アイの最後の3年間の四半期の決算書を見れば、見事に「期末の粉飾」という傾向が浮かび上がってきます。

上の表のように、アイ・エックス・アイは2004年3月期では、各四半期の売上はそれほど大きな違いはありません。

しかし、2005年3月期では、第4四半期に急激に売上が伸びています。第1四半期の実に倍なのです。つまり、1年の最初の3か月と最後の3か月では、売上に倍も差があるのです。

おそらく、第4四半期になって、業績の辻褄を合わせるために、多額の売上を水増ししたものと考えられます。

しかも、この傾向は、翌年にも続きます。2006年

３月期でも、第１四半期と第４四半期の売上は、倍に激増しています。

このように、四半期の決算書を流れで見てみるというのは、決算書の嘘を見抜く上で非常に重要なことだと言えます。

今さら人に聞けない会計基礎知識
――「固定資産」と「減価償却」

●固定資産とは？

決算書の貸借対照表の中には、「**固定資産**」という勘定科目があります。

固定資産というと、言葉のイメージから「動かない資産」というものを連想してしまいますが、固定資産というのは決して「動かない資産」のことではありません。

確かに、不動産など「動かない資産」も固定資産の中に含まれます。しかし、それだけではないのです。

たとえば、自動車なども固定資産に入ります。またパソコンや精密機器なども固定資産に入る場合があります。

では、一体、固定資産の定義とは何なのでしょう？

固定資産というのは、ざっくり言えば1年以上使用でき、購入価額が一定以上の資産のことです。そして一定以上の購入価額とは、10万円以上ということになっています。

たとえばコピー用紙やボールペンなどは、固定資産にはなりません。消耗品になります。時計などの場合は、10万円未満であれば備品もしくは消耗品ということになりますが、10万円以上ならば固定資産ということになります。

そして固定資産は、備品や消耗品とは決算書に計上する方法が違ってきます。

どう違うかというと、備品や消耗品の場合、購入した年に全額が「備品費」「消耗品費」として経費に計上できます。

しかし固定資産の場合は、購入した年に全額を経費に計上するのではなく、毎年「減価償却」をして「減価償却費」だけを経費に計上します。そして残額は、「資産」に計上しなくてはならないのです。減価償却については次項でご説明します。

●減価償却とは？

「減価償却」という言葉は、ニュースなどでも時々使われるので、ご存知の方も多いでしょう。

会計を学ぼうとする人が、最初につまずくハードルが、この減価償却だと言えます。なんとなく難しそうな言葉なので、その雰囲気に飲まれてしまうのでしょうか？

でも、減価償却はそう難しいものではありません。

ざっくり言うと、固定資産（長期間使用できる高価なもの）を購入した場合は、購入費を使用する期間に按分して経費計上するということです。

たとえば、10年の耐用年数がある100万円の機械を買った場合、一年間に10万円ずつ、10年間にわたって費用計上していくのです。

この費用計上のことを、減価償却費というのです。実際はもう少し複雑な計算となりますが、仕組みとしてはこういうことです。

具体的にどういうものが減価償却の対象になるのかというと、固定資産のところで説明したように原則として「使用期間が1年以上のもので、10万円以上のもの」となっています。

つまり、一年以上使えて、10万円以上の値段のものを購入した場合は、一括して経費計上するのではなく、耐用年数に応じて減価償却するのです。

固定資産には、耐用年数が定められています。その耐用年数によって、減価償却をしていくことになります。

たとえば、パソコン（パーソナルコンピュータ）の場合は、耐用年数は4年になっています。20万円でパソコンを購入した場合は、これを4年の間で按分して、経費化していくわけです。普通乗用車の耐用年数は6年となっており、もし１２０万円で普通乗用車を購入した場合は、１２０万円を6年で按分して経費化します。

第四章

決算書の「背景」を見る

企業はどこも「利益を出したい」と思っているわけではない

決算書を見る際に、もう一つ重要なポイントがあります。

それは、「企業の背景」です。

その企業が成り立っている状況、どういう人がつくり、どういう人が株主になっているのかというようなことです。

なぜそういうことが大事なのかというと、企業の背景によってその目的がまったく違ってくるからです。

「企業というのは少しでも多くの利益を出すのが目的」

と思っている方も多いはずです。

しかし、それは決してすべての企業に共通する目的ではありません。

わかりやすい例を挙げましょう。

世間には、脱税をする企業、粉飾決算をする企業があります。

脱税、粉飾決算というのは、どちらも経済犯罪なのですが、両者の性質はまったく違います。というより正反対です。

脱税は税金を逃れるために「利益を少なく見せかける犯罪」です。

一方、粉飾決算は「利益を多く見せかける犯罪」なのです。

なぜ企業の中に、利益を少なく見せかける「脱税」をしたがる者や、反対に利益を多く見せかける「粉飾決算」をしたがる者がいるかというと、その企業の背景が違うからです。

脱税をしたがる企業というのは、株主と経営者が近い立場にあることが多いです。株主と経営者が同一であったり、経営者一族が株の多くを持っているなどいわゆる「**同族経営**」のケースが多いのです。

同族経営の場合、会社のオーナー（株主）は会社がちゃんと利益を出して配当をもらうよりも、会社の利益をうまく隠して隠密裏に金を引き出す方がいいのです。ちゃんと利益を出せば、法人税などがかかってきます。株主と経営者は一体なので、同族経営の場合、会社の利益が出ていなくても、経営者が責任を取らされるようなことはありません。だからあまり利益を出さないような方向になるのです。

しかし、同族経営ではなく、多くの株主がいる会社の場合は、株主が利益を得るには、会社がちゃんと利益を出し配当を支払うという形を取らなければなりません。業績が悪いときは経営陣は首を切られたり、株価が下がって経営に支障を来たしたりします。だから、より多くの利益が出ているように見せかけなければならないのです。それがエスカレートしたものが、粉飾決算となるのです。

さらに同族会社ではなくても、脱税をするケースもあります。建設業界の一部など、裏金が必要な業種などでは、裏金をねん出するために脱税をしている企業もあります。

また同族会社でも、銀行から融資を受けるために粉飾決算をしている企業もあります。

そういう「企業の背景」をきちんと知ることが、決算書を読み解く上で非常に重要な要素となるのです。

企業の背景を知るには「株主構成」がもっとも重要

企業の背景を知る際に、もっとも手っ取り早いのは「**株主構成**」を見ることです。

上場企業は、発表する決算書資料の中で「大株主の状況」も必ず公表しています。だからネットの決算書情報などでも「株主構成」は簡単に知ることができます。

意外に思われるかもしれませんが、国税調査官は決算書を見る際に、真っ先に「大株主の状況」をチェックします。それくらい株主構成は大事なのです。企業というものは、株主によってその体質はまったく違ったものになるからです。

先ほども述べましたように、株主構成によっては、「脱税をしやすいもの」がいれば「脱税をほとんどしないもの」もいます。また「粉飾をしやすいもの」もいれば「粉飾をほとんどしないもの」もいるのです。

脱税や粉飾のような極端な方向ではなくても、その企業の経営方針や決算書の組み方などが株主構成によって大きく違ってくるのです。

たとえば、創業者が経営の実権を握っている企業は、保守的な決算書になる傾向にあります。なぜなら、こういう企業は、利益を上げて株価を上げる必要はあまりないからです。そして無理に利益を出すよりも、健全な経営をしようとします。

また下手に利益を出して、税金に取られるよりも、経営者の報酬を厚くするなど、経営者が自分に利する会計を行おうとするのです。

銀行などの支配下にある企業では、オーナーである銀行の心象をよくするために、一生懸命に収益を上げようとします。経費を削減し、不採算部門を切り捨てたり、大掛かりなリストラをしたりなどもします。当然のことながら、決算書作成時には、より多くの利益を出す方向への会計操作を行います。

さらに大株主にファンドが入っている企業、大きな企業グループの傘下に入っている企業、社員の持ち株会が大株主になっている企業など、それぞれがまったく違う方向の決算書になります。それを踏まえた上でないと、決算書の数字だけを追ってもまったく意味がないのです。

上場企業の株主構成を調べるのは簡単です。

上場企業の決算書を見られるサイト「EDINET」(83ページ)には、「大株主の状況」というものもあります(有価証券報告書に記載があります)。これには株主の上位10位までの氏名、名称が記載されています。上場していない企業の場合は、企業の関係者ならばだいたい知っているはずです。なので、その企業の関係者から聞いてみましょう。

税務署は同族会社しか相手にしない

株主構成が、企業の決算において、いかに重大な関係があるかということのわかりやすい例を一つご紹介しましょう。

国税調査官は税務調査をする企業を選定するとき、まずは「どこかの大企業の子会社」や「銀行、商社などが大株主になって事実上支配しているような会社」をはずします。というより、国税調査官は、基本的に同族会社しか税務調査先として選びません。

なぜかというと、非同族会社（同族会社じゃない会社）は脱税をしている可能性が非常に低いからです。同族会社とは、株の半数以上を一定内の同族で占める会社のことです。

脱税とは、そもそも会社の経営者ができるだけ多くの資産を蓄えたいという動機で行うものです。そして脱税をする場合には、当然、収益を小さく見せかける必要があります。

この条件を踏まえ脱税をしやすい企業はどういう企業かというと、真っ先に挙げられるのは同族企業なのです。

同族企業の場合、利益を上げる必要はあまりありません。

創業者一族が株主であり、経営もしているので、経営者は利益を上げて株主の機嫌を取る必要はまったくないからです。また同族企業の場合、利益を出すと約30％もの税金を課せられてしまいますので、収益を出して配当金を受け取るよりは、経費などで会社からお金を引き出す方が有利なわけです。だから、「脱税するのは同族企業」というのは、ごく当然の見方と言えます。

実際、脱税をして摘発される会社のほとんどは同族企業なのです。

また非同族企業の場合、脱税の動機というのがあまり見当たりません。

たとえばどこかの子会社の場合、子会社の経営者というのは、親会社から出向している社員に過ぎません。会社のオーナーでも何でもないのです。

となれば、会社の資産を蓄えても、それが自分のものになるわけではないので、何のメリットもありません。また収益を小さく計上することは、子会社の経営者にとっては失点以外の何物でもありません。子会社の経営者は、収益の大きさで勤務評価がされるわけなので、できるだけ収益を大きく見せかけるのが当たり前です。だから、脱税などはもってのほか、ということになるわけです。

だから、国税調査官は、税務調査先を選ぶときには、まず同族企業ということになるのです（課税の公平という点があるので、非同族企業にも一応、税務調査をしなくてはなりませんが、調査官が進んで非同族企業に税務調査をすることはあまりないのです）。

上場企業は、株式の過半数を一族が握っている同族会社というのはあり得ません。上場の条件として、同族会社は不可とされているからです。

しかし同族会社とまではいかないけれど、創業者一族が株の大半を握っていて、経営権も握っているという上場企業はたくさんあります。そういう企業は、同族会社と似たような性質になる傾向があります。

なぜ楽天はたびたび赤字になるのか？

株主構成が、企業の決算に大きな影響を与えるというわかりやすい例を二つご紹介しましょう。

ご紹介するのは、楽天と朝日新聞です。

楽天といえば、現在の日本のネット関連企業の雄です。

ネット関連企業、ＩＴ企業というのは、イケイケドンドンで少しでも多くの利益を出すような決算書をつくっているイメージがあります。しかし、意外や意外、楽天の決算書は非常に保守的で、損失を早め早めに計上する傾向にあるのです。

この楽天という会社、右肩上がりで成長しているようなイメージがありますが、実は何度も赤字決算を出しているのです。

２０１９年12月期でも赤字になっており、８年前にも赤字を出しています。

また２０００年代にも、２００３年、２００４年、２００８年に赤字を出しています。

２００３年、２００４年の場合は、２年続けての赤字です。

楽天の売上と利益の推移

単位：億円

	2003年	2004年	2005年	2008年	2011年	2017年	2018年	2019年
売上	181	456	1,298	2,499	3,799	9,445	11,015	12,639
営業利益	47	150	348	471	707	1,493	1,704	727
純利益	−526	−143	194	−550	−23	1,105	1,654	−445

楽天の決算の特徴は、「営業利益は黒字を続けているのだけれど、特別損失を出して純利益が赤字になる」ということです。

そしてこの特別損失もただの特別損失ではなく、「わざと早めに損失を出した」ために生じたものが多いのです。

たとえば2003年、2004年に連続で赤字を出したときは、本来なら5年かけて償却していい「のれん代」をわずか3年で償却していたことが赤字の要因となっていました。

のれん代とは、企業を買収したとき、その企業の帳簿上の資産額よりも、買収価額の方が大きい場合の差額のことです。その企業の営業上のノウハウや人材が、帳簿に表れていない価値を生じ、買収価額に反映された、という解釈をされるのです。この差額が、営業権やのれん代などと言われるのです。

たとえば、A社がB社を5億円で買収したとします。B社の帳簿上の純資産評価額は、3億円でした。この場合、買収額5

億円と帳簿額3億円の差額2億円が「のれん代」ということになります。

通常、健全な会社を買収した場合は、「のれん代」が生じるものです。

この「のれん代」は、証券取引法では5年で均等償却しなければならない、と定められていますが、以前は一括償却することも可能でした。一方で、連結財務諸表原則の改訂により、償却期間は最大20年まで延ばすことができるようになっています。

この制度を利用して、のれん代の償却を最大20年に引き延ばす企業も多いのです。のれん代の償却期間が延びれば、その分、年間の償却費は少なくなります。つまり、経費が少なくなるのです。

たとえば、10億円の「のれん代」があった場合、これを5年で償却するならば、一年あたり2億円の償却費という損失が生じます。しかし、20年で償却すれば、一年あたり５０００万円で済むのです。つまり、のれん代の償却期間を5年ではなく20年にすれば、年間の損失額が1億５０００万円も軽減されるのです。

企業としては、決算書の見映えをよくするために、償却期間を長く設定したいものなのです。

しかし楽天は「のれん代」の償却期間を非常に短く設定していました（わずか3年）。短期

楽天の主な大株主

株主名	株式保有割合
合同会社クリムゾングループ	16.66%
三木谷浩史	12.97%
三木谷晴子	9.76%
日本マスタートラスト信託銀行	4.38%

（2020年6月30日現在）

間で償却すれば、その分、経費が大きくなります。経費が大きくなれば、赤字になる、というわけです。つまり、楽天は企業買収を行うごとに経費を増やし、決算書上は赤字となっていたのです。

それにしても楽天は、なぜこのような保守的な決算書をつくっていたのでしょうか？

その答えの一つは、楽天の株主構成にあると言えます。

楽天の筆頭株主は合同会社クリムゾングループですが、これは三木谷氏の資産管理会社であり、三木谷氏とその妻が第2位、第3位です。この3位までで楽天の株の約39％を占めており、つまりは三木谷氏が39％の株を実質的に保有しているのです。

実質的には三木谷氏の同族会社のようなものです。

このような会社では、遮二無二《しゃにむに》株主の機嫌を取る必要はないし、無理に利益を出して株価を引き上げる必要もありません。だから悪い材料や、損失に結びつくことは早めに決算書に出せるのです。

ＩＴ企業というと強気な経営戦略で株価を引き上げて、急成長していくというイメージがあります。楽天もプロ野球の球団を買収したことなどから、そういうイメージで見られているかもしれません。しかし、意外や意外、楽天という会社は、決算書を見る限り、非常に保守的な傾向が見られるのです。

企業の中には逆に利益をわざと小さく計上するものもあります。この行為がエスカレートすれば脱税になりますが、合法的な範囲ならば問題はありません。

このように「悪い材料は早め早めに出す」という方針をとっている企業もあるのです。本来、「企業会計」というのは、悪い材料は早めに出すべし、という原則があります。つまり、その原則を守っている企業ということです。

ただ、普通の企業はそう簡単にこの原則を守れるものではありません。なぜなら、株主や銀行などの手前、業績の悪いところを見せるわけにはいかないからです。

だから、「悪い材料は早めに出すべし」という原則を守っている企業というのは、言い方を変えれば、株主や銀行にあまり気兼ねしなくていい企業ということになります。その代表的な例が、実は楽天だと言えるのです。楽天は、創業者の三木谷夫妻らが安定株主になっているので、このような決算書をつくることができているのです。

朝日新聞は社員天国？

株主構成が決算書に大きな影響を与えるというわかりやすい例のもう一つは、朝日新聞です。

朝日新聞は上場企業ではないのですが、決算書を公開しており、朝日新聞のサイトにアクセスすれば見ることができます。

朝日新聞の決算は、いろんな意味で非常に面白いのです。

実は朝日新聞には、「脱税傾向が強い」という性質があります。前にお話ししたように、脱税というのは粉飾決算の正反対の行為です。粉飾決算は利益を大きく見せかけるのに対し、脱税は利益を小さく見せかけるわけです。

そして、脱税をする企業というのは、株主と経営者が一心同体であることが多いのです。株主と経営者が一心同体なので「会社は利益を出して株主に配当する」という義務から解放され、なるべく金を貯め込んだり、経営者が私的に蓄財したりする方向に向かうのです。

が、朝日新聞は大企業であり、株主と経営者は一心同体ではありません。なのになぜ、朝日新聞は脱税傾向が強いのでしょうか？

その理由には、非常に興味深い朝日新聞の社内体質があるのです。

朝日新聞は、過去何度も課税漏れで国税局からの指摘を受けています。その課税漏れが、不正とみなされたケースも多いのです。

たとえば、2009年に明るみになった課税漏れは次のようなものです。2008年3月期までの7年間で、京都総局のカラ出張の架空経費など約5億円の申告漏れを指摘され、追徴税1億3900万円を課せられています。このうち重加算税は約2800万円でした。

普通、不正な課税逃れ額が、巨額に上った場合には、脱税として起訴されます（だいたい1億円以上）。朝日新聞は、約1億円の追徴税を課せられているので、一歩間違えば起訴されていたところなのです。

また2005年にも、朝日新聞は所得隠しが報じられています。この内容は、業務委託の実態がほとんどないのに、海外の子会社に業務委託費の名目で費用を支払った、というかなり悪質なものでした。

ロンドンなど海外の子会社に対して、およそ4700万円を業務委託費の名目で支出しており、また名古屋本社では約4000万円を販売経費の名目で支出しながら販売店の所長ら

朝日新聞の主な大株主

株主名	持ち株割合
朝日新聞従業員持株会	25.48%
テレビ朝日ホールディングス	11.88%
村山美知子	11.02%
上野聖二	11.02%
香雪美術館	10.00%

（2020年3月31日現在）

との懇親会の費用などに充《あ》てていたそうです。

このとき朝日新聞は約11億8000万円もの申告漏れがあり、そのうちの一部は、不正行為があったとしても、重加算税が課せられています。

朝日新聞のこれらの所得隠しには大きな特徴があります。

それは「現場の人間が行っている」ということです。隠した所得は、現場の人間が飲み食いで使ったようです。まるで役所の不正経理のような手口なのです。

普通、脱税というものは、経営者や役員が私的な蓄財のために行うものです。しかし、朝日新聞の場合は、経営者や役員の蓄財はほとんど関係なく、現場の人間の小遣い稼ぎとして脱税をしているのです。

ここに、朝日新聞の「現場の社員が優先される体質」が見られるのです。

現在、朝日新聞社の最大株主というのは、「従業員持株会」なのです。従業員持株会が、全株の25・48％を持っています。朝日新聞というと、株主として創業者である村山家と上野家が有名であり、両一族の持株を全部合わせれば20％程度になります。が、それよりも従業員持株会のシェアの方が大きいのです。

つまり、極端に言えば朝日新聞で一番発言力があるのは社員なのです。

そして朝日新聞は株式を上場していませんので、株価を気にする必要も、無理をして利益を出し配当を出す必要もないのです。

朝日新聞の持ち主は社員なのですから、「社員がいい思いをする」ということが最優先されるのです。

それが「社員の不正経理による所得隠し」につながっているのです。

朝日新聞は不動産業者？

「それにしても、昨今、新聞の部数は激減していて新聞社はどこも厳しいはずで、よく所得隠しする余裕があるなあ」

と思った人もいるでしょう。

朝日新聞の売上、営業利益、純利益

単位：100万円

	売上	営業利益	純利益
2018年3月期	255,272	3,553	6,952
2019年3月期	245,482	4,280	8,166
2020年3月期	239,647	189	3,634

確かに、朝日新聞も部数が激減しており売上も営業利益も減っています。しかし純利益はコロナ禍にもかかわらず36億円も出ています。

これは一体どういうことでしょうか？

実は朝日新聞社は、たくさんの企業を束ねる企業グループでもあり、日本有数の不動産事業者なのです。

東京銀座朝日ビルディングや大阪の中之島フェスティバルタワーなどを所有しています。東京銀座朝日ビルディングは、世界最高級のホテルでアジア初進出となる「ハイアットセントリック　銀座　東京」が、入っています。また中之島フェスティバルタワーには、これまた日本で最高級クラスのホテルの「コンラッド大阪」が入っています。

朝日新聞には、これらの不動産事業の収入が、子会社からの配当金という形で入ってきます。現在、朝日新聞の利益の約半分は、これらの子会社からの配当によるものとなっているのです。

「貧しい人を助けよ」という論調が多い朝日新聞ですが、実は世界でも有数の金持ちメディアなのです。朝日新聞の記者たちは、平均年収1200万円という高給取りなのですが、それも朝日新聞が大地主だからなのです。

決算書を読めるって、面白いでしょう？

〝周辺情報〟も大事

決算書を読み解く際には、「株主構成」とともに「企業の周辺情報」も重要になってきます。

周辺情報とは、その企業に関する様々な公式、非公式の情報のことです。昨今の事業内容、景気、評判などです。

それは、もちろん決算書には載っていません。

決算書の数字だけを見ても、その企業の本質は絶対に見えてこないのです。何度も言うように、決算書は〝つくられたもの〟だからです。

決算書は、一定のルールに従ってつくられたものなので、ある程度は企業の実態を表しているといえますが、これを全般的に信用することはできません。

しかし、これに周辺情報を加味することで、企業の姿が立体的に見えてくるものなのです。

たとえば、売上が急増しているのに、利益がほとんど増えていない会社があったとします。前述しましたように、この手の決算書は、典型的な脱税決算書です。

しかし、この会社の周辺情報を調べると、昨今、利益を度外視した特売を頻繁に行っていることがわかりました。つまり、この会社は、景気が悪いので、とにかく会社が回るように商品を安く叩き売っていたのです。

この周辺情報により、この会社が「売上が急増しているのに利益が増えていない理由」がわかったのです。このように、ちょっと周辺状況を調べるだけで、決算書の見方はまったく違ってくるのです。

国税調査官が、企業を税務調査するとき非常に重要視するのが、この周辺情報です。国税調査官は、決算書の細かな分析よりも、周辺情報の方をよほど大事にします。

周辺情報は、経済誌や一般雑誌、インターネット、口コミなどで知ることができます。その会社名を検索するだけではなく、商品名などで検索しても評判などがわかります。

ただし、ネットや口コミなどの周辺情報は真偽の怪しいものも多々ありますので、それは注意を要します。

「上場を目指している企業」「上場したばかりの企業」は要注意

「上場企業を目指している企業」「上場したばかりの企業」の決算書にも、非常に特徴があります。

そしてこの手の決算書は、もっとも注意を要すると言えます。

上場は、企業の大きな目的の一つです。企業にとって、ある意味、創業して「最初の目的」とも言えるのが上場企業になることでしょう。

もちろん、そう簡単に上場企業になれるわけではありません。

上場企業となるためには、非常に高いハードルをクリアしなければなりません。たとえば、東証一部の上場では、最近2年間の利益が5億円以上、時価総額が250億円以上など、超一流企業であることが求められます。

しかし、それをクリアすれば、企業は莫大な見返りを得ることができます。これまでの数十倍、数百倍もの資金調達を株式市場から行うことができます。また創業者は、持ち株を売却することで、莫大な資産を得ることができます。

そのため、企業はぜがひでも上場したいと思うのです。

その際に、条件をクリアするために、決算書をよく見せようとすることが多いのです。挙句、粉飾決算をするケースもあるのです。

たとえば、2008年にはビックカメラの粉飾が明らかになりました。

東証一部上場を目指していたビックカメラは、特別な子会社をつくりお金をつぎ込んで利益が出たように見せかけ、それを自社に配当所得として還元させました。実際はビックカメラのお金が戻ってきただけなのに、利益が増えたように見せかけたのです。

ビックカメラは、上場のために決算書を誤魔化したと見られても仕方のないところです。ビックカメラはこの後、東証一部上場を果たし、当時の会長は持ち株の売却により60億円の収入を得ました。

その後にこの粉飾取引が発覚したのです。

ビックカメラは、会社に課徴金約2億5000万円、元会長の新井隆司氏に課徴金約1億2000万円が課されました。そして、東京証券取引所は一旦、上場廃止を検討する監理銘柄に指定しましたが、後に解除しました。

このように上場を間近に控えている企業、上場したばかりの企業などに対しては、よくよく厳しい目を注がなくてはなりません。

景気が悪い業種なのに利益が落ちていない会社は危ない

決算書を読み解く際には、その企業の決算書を見るだけではなく、その企業の業界全体の景気やマーケットの動向を知ることも大事です。

もし、業界全体の景気が悪い場合は、その企業の景気もよくないはずです。そういう企業が、まったく利益が落ちていない、などということであれば要注意です。

景気が悪いはずなのに、その会社だけ利益が出ているというのは、客観的に考えてもおかしいことです。「新商品が売れている」などその会社だけが景気がいい理由があれば別ですが、普通は粉飾していると思った方がいいでしょう。

また景気が悪い業界の企業は、得てして粉飾に走りやすいものです。これも念頭に置いておくべきでしょう。

たとえば、バブル崩壊後は、不動産業などの粉飾が非常に多かったのです。

企業の習性は実は驚くほど単純であり、景気が悪い企業は粉飾をしたがるという特徴があるのです。だから、景気が悪い業種は、あらかじめ「厳しい目」で見るべきだと言えます。逆に言えば、景気の悪い業界の企業の決算書が、業績の悪化を示しているなら、その企業は正直だと言うこともできます。そういう企業は、改善策も素早く打てる可能性が高く、有望だと言えます。

決算書の五つの傾向

このように株主構成や置かれた状況、会社の気質などで、企業の決算書の方向性は違ってきます。

そこで、どういう企業がどういう決算書になるのか、ざっくりした種類分けをしたいと思います。

企業の決算書には、次の五つの傾向があります。

1 保守的タイプ
2 税金ケチりタイプ
3 野心的タイプ

4　誤魔化しタイプ
5　老獪《ろうかい》タイプ

もちろん、これは筆者が自分の経験則から分類しているのであって、これ以外の分類方法もあるでしょう。

ただ会計初心者にとっては、まずはこの五つの分類を頭に入れれば、決算書が読みやすくなると思われます。

この五つの傾向を事前に把握しておけば、決算書の読み方は随分変わってくるはずです。

では次項以下でこの五つのタイプの決算書を順に説明していきましょう。

保守的タイプ——損失を早めに計上する

まずは「保守的タイプ」の決算書から。

これは、基本はなるべく利益を出そうとするのですが、損失が出た場合は素早く計上して経営の不安を取り除く、という保守的な決算書のことです。

本来、マイナス要素はなるべく早く処理するべきであり、企業会計原則なども、本質的にはこれを目指しています。だから、〝保守的決算書〟というのは、企業会計の本来の姿とも言えます。

しかし、普通の企業はなかなかこの決算書はつくれません。株主や銀行などの手前、どうしても業績をよく見せなければならないからです。そうしないと、株価が下がったり、資金繰りが苦しくなったりします。だから、このタイプの決算書をつくれる企業というのは、資本面、資金面で安定していると言えます。創業者一族が筆頭株主であり、ほかの大株主も安定株主というような。

また世間的に知られた企業で、ちょっとやそっとのことで経営が傾くことがないというような企業に、このタイプが多いです。楽天などがこのタイプに該当します。

税金ケチりタイプ――少しでも税金を安くしたい

「税金ケチりタイプ」とは、保守的タイプがもう少しエスカレートして、損益を早めに出すだけではなく利益を少しでも小さくして税金を抑えようという決算書です。

同族企業や、創業者一族が経営者を兼ねている企業などに、見られる決算書です。

オーナー企業は、会社の業績をよく見せる必要はありません。というより、業績が上がれば納税額が増えるので、損をするのです。だからこういう企業では、なるべく利益が出ないように、あの手この手を駆使しています。

そういう企業の決算書は、できるだけ払う税金を少なくするようにつくられていると言えます。

この手の企業の多くは、家族を社員や役員に据えて高額の報酬を与えて人件費を膨らませたり、会社の金で贅《ぜい》をつくすなどして、利益を減らしているのです。また経理がずさんな場合は脱税に発展するケースもしばしばあります。

この手の企業は、決算書のみならず、企業活動全般が「ケチ」な場合が多いので、社員は大変かもしれません。就職活動などのときには、必ずチェックしておきたい条件でしょう。かつてのコクドなどがこのタイプの決算書でした。

野心的タイプ――少しでも利益を大きく見せたい

これは少しでも利益を大きく見せようとする野心的な決算書のことです。

利益を大きくして、株価を引き上げたい、株価を引き上げることで多額の資金を入手し、それを企業買収などにつなげたい、というような企業がつくっている決算書です。

上場を目指している新興企業、上場したばかりの企業、大株主に外資系ファンドなどが入っている企業によく見られます。

この手の決算書は、一歩間違えば粉飾になりやすいという性質を持っています。またこうした企業は株価の乱高下も激しくなります。この決算書を見る場合は、よくよく厳しい目を持って臨まなければならないということです。

また上場企業には、このタイプがかなりあります。上場企業は、株価を上げることが命題でもあるからです。だから基本的に上場企業の決算書を見る場合は、〝良好な業績〟を鵜呑みにしてはならないということです。

ライブドア、一時期のビックカメラの決算書などがこれにあたると言えます。

誤魔化しタイプ——業績悪化を必死で隠す

野心的な決算書をつくっていた企業は、経営が悪化してくると業績悪化を必死で隠す〝誤魔化しタイプ〟となっていきます。

この〝誤魔化しタイプ〟は、企業を存続するために、必死にもがいているという色合いがあります。業績悪化が伝えられている企業や、業界全体が景気の悪い企業にありがちな決算書です。倒産寸前の企業に限らず、景気の悪い企業ではこのタイプになってしまう傾向にあります。

不良債権や、それに準じるものをたくさん抱えているはずなのに、なかなか特別損失が計上されない企業などは、要注意です。

旧カネボウの決算書などがこのタイプと言えます。

老獪タイプ――状況に応じてケチと見栄っ張りを使い分ける

保守的タイプと野心的タイプを状況に応じて使い分ける、という決算書です。両方のいい部分を上手に使い分ける〝老獪〟な決算書なのです。

日ごろは保守的な決算書をつくりつつ、法人税の減税や企業の減税の特別措置が講じられたときには、思い切って利益を計上する、というような決算書です。

トヨタ自動車などがそのいい例だと言えます。また旧財閥系の企業、三菱、三井、住友系の企業などもこの傾向にあります。

本来はどこの企業も、だいたいこのタイプの決算書を狙っています。状況に応じて決算書を使い分けるのが、企業戦略としてはもっとも効率がいいからです。

が、普通の企業はなかなか状況に応じて決算書を使い分けるというような余裕はありません。上場して日が浅い新興企業や、経営が安定していない企業などは、株価を維持するのが精一杯で、状況によっては赤字を出すなどということはそうそうできるものではありません。トヨタのような巨大企業、老舗企業だからこそできる決算書だと言えます。

安定的でもっとも効率のいい株主還元をしている企業だと言えます。しかし社会的に見れば、ズルい企業ということになります。

今さら人に聞けない会計基礎知識

――「勘定科目」とは？

「売上」「利益」「現金・預金」などのように、損益計算書、貸借対照表に書かれている項目のことを**勘定科目**といいます。

そして損益計算書と貸借対照表では、勘定科目が違ってきます。一部同じものもありますが、ほとんど違います。

損益計算書の勘定科目の場合は、売上、売上原価、利益というように、その企業の「取引」を表す言葉になっています。費用に関しては「●●費」というように「費」がつくものが多いです。

貸借対照表の勘定科目の場合は、「現金」「受取手形」など資産や負債を表す言葉となっています。

損益計算書は、事業年度の中でどれだけ売上があったか、どれだけ経費がかかったかなど経営の「取引の動き」に関する帳簿です。だから必然的に勘定科目も、取引を表す言葉になるのです。

一方、貸借対照表は事業年度が終わった後の資産と負債の残高を記したものです。そのため勘定科目は、資産や負債を表す言葉になっているのです。

第五章

「ソフトバンク」と「トヨタ」の決算書から世界が見える

ソフトバンクの決算書を分析してみよう

最後の章では、実践的な決算書の読み方を試してみたいと思います。

これまで学んできたことを用いて、時系列で決算書を見てみることにします。

「たったこれだけの知識でここまでわかるのか？」

と思うくらい、いろんなことがわかるはずです。

そして、企業の決算書を追っていくだけで、世界経済の流れまでが見えてくるのです。きっと驚かれると思います。

もしかしたら、「数字がたくさん出てきてわけがわからない」という方もおられるかもしれません。そういう方も、わからない部分は放置して構いませんので、とりあえず読み進めてください。全部読めば、なんとなく決算の概要がわかってくるはずです。

今回、取り上げる企業は、ソフトバンクとトヨタ自動車です。

まずはソフトバンクからです。

ソフトバンクというと、２０２０年5月の決算発表において、グループ全体で1兆３６４

6億円に及ぶ大赤字を出したことが話題になりました。

メディアの中には、このソフトバンクの大赤字が日本経済に大きな悪影響を与え、連鎖倒産などが起きる「ソフトバンク・ショック」が来るのではないか、と論じる人もいました。

実際のところ、ソフトバンクでは何が起こったのでしょうか？

そして、ソフトバンクは本当に危ないのでしょうか？

それをソフトバンクの近々3年間の決算書を用いて、分析してみたいと思います。


決算書は、ソフトバンクのホームページから見ることにしましょう。

前述しましたように上場企業のホームページでは、だいたい決算書を公開しています。

企業のホームページの「企業情報」「IR情報」などの項目をクリックすれば、決算書にたどり着けます。そして、数年分の決算書がそこに公開されています。

ソフトバンクのホームページでも、「ホーム」に「IR情報」という項目があります。ここにソフトバンクの直近の何年分かの決算書が置いてあります。

連結損益計算書

単位：100万円

	2017年度	2018年度	2019年度
売上	※1	6,093,548	6,185,093
営業利益（ファンドの損益を除く）	※2	816,995	566,712
ファンドの損益	302,981	1,256,641	△1,931,345
営業利益（ファンドの損益を含む）	※3	2,073,636	△1,364,633
税引き前純利益	384,630	1,682,673	35,492
純利益	1,237,812	1,454,618	△800,760

ソフトバンク決算書・連結損益計算書より抜粋
※１、※２、※３ソフトバンクは、2020年度の決算発表で、「売上」と「ファンドの損益を含む営業利益」の算出の方法を変更しており比較対照できないので空欄としています。

ソフトバンクはなぜ大赤字を出したのか？

まずは「売上」「利益」の過去3年分の動きを見てみましょう。

これを見ると、２０１９年度の**ファンド**の損益を含んだ営業利益は１兆３６４６億円の赤字になっていることがわかります。ファンドというのは、ざっくり言えば投資事業のことです。ソフトバンクは、本業とは別に投資事業部門をつくっているのです。

しかし、売上や本業の利益そのものは、悪くないと言えます。

２０１８年度、２０１９年度でも、ともに本業の売上は安定しているのがわかります。２０

19年度に本業の営業利益は若干下がっていますが、2500億円30％減程度であり、それほど大きく下がっているわけではありません。

本業自体はそれほど悪くはなく、黒字を十分に維持しているのです。

しかし、ファンドによって約1億9000万円という大赤字を出しています。

つまり、ソフトバンクの2019年度の大赤字の原因は、100％ファンドのせいなのです。

アリババの株を売って赤字を補填する

2019年度の赤字がファンドのせいだということがわかったところで、2019年度の損益計算書をさらに詳しく見ていきましょう。

2019年度は1兆3600億円を超える営業損失を出しているのに、税引き前純利益は約350億円の黒字になっています。純利益は約8000億円の赤字となっていますが、このほとんどは法人税分です。

なぜ赤字額が圧縮されたのでしょうか？

2019年度の損益計算書の詳細を見ると、ファンドの損失以外にも営業外の損失がかかな

2019年度の連結損益計算書の詳細

単位：100万円

売上	6,185,093
営業利益（ファンドの損益を除く）	566,712
ファンドの損益	△1,931,345
営業利益（ファンドの損益を含む）	△1,364,633
財務費用	△300,948
持分法による投資損益	638,717
持分変動利益	339,842
為替差損益	△11,107
デリバティブ関連損益	△71,811
アリババ株式先渡売買契約決済益	1,218,527
FVTPLの金融商品から生じる損益	△668,463
ソフトバンク・ビジョン・ファンド等 SBIAの運営するファンドにおける 外部投資家持分の増減額	540,930
その他の営業外損益	△285,562
税引前利益	35,492
法人所得税	△797,697
継続事業からの純利益	△762,205
非継続事業からの純利益	△38,555
純利益	△800,760

りあるのですが、アリババの株式売却益が1兆2000億円あり、これが他の損失を補塡していることがわかります。

つまりは、ソフトバンクはファンドで出した大幅な赤字を、アリババの株を売ることで圧縮したということが言えるのです。

ソフトバンクの財政状況は大丈夫か？

次に2019年度の大赤字はソフトバンクにどの程度のダメージを与えているのか、ソフトバンクの財政状況を見ていきましょう。

財政状況を確認するのは、貸借対照表でしたね。

今回はまず貸借対照表のうち、資本の部から見ていきたいと思います。

本来、資本の部は、貸借対照表の右下に記載されているので、読み方としては一番最後に読むことになります。が、ソフトバンクの財務状況の動きを説明する関係で、この資本の部の話を先にしたいと思います。

このソフトバンクの資本の部で着目していただきたいのは、利益剰余金です。

利益剰余金とは、前にもご説明したように、企業の利益から配当、税金を差し引いた残額

連結貸借対照表・資本の部

単位：100万円

	2017年度	2018年度	2019年度
資本金	238,772	238,772	238,772
資本剰余金	256,768	1,467,762	1,490,325
その他の資本性金融商品	496,876	496,876	496,876
利益剰余金	3,940,259	5,571,285	3,945,820
自己株式	△66,458	△443,482	△101,616

ソフトバンク決算書・連結貸借対照表・資本の部より抜粋

のことです。企業の利益を蓄積したものであり、内部留保金とほぼ同異義語です。これが多ければ多いほど、その企業の収益力は高いということが言えるのです。

ソフトバンクは、この利益剰余金が２０１８年度で約５兆５７００億円もあります。かなり収益力があり、着実に利益を蓄積した企業だと言えるでしょう。が、この利益剰余金は、２０１９年度に、約１兆６０００億円も激減します。

これは先にご紹介した、２０１９年度のファンドの損失がそのまま利益剰余金の減額となったと言えます。

が、ソフトバンクの場合、ファンドの損失を計上してもまだ約４兆円の利益剰余金が残っているのです。

ソフトバンクの経営にすぐさま影響が出るというものではなさそうです。

急激に投資に傾くソフトバンク

ソフトバンクがそれほど危ない状況ではないということが確認できたところで、次に資産、負債の状況を確認してみましょう。

ソフトバンクの決算書では、流動資産と非流動資産とに分けてつくられていますので、本書でもそれに沿って表を分けています。

非流動資産の２０１７年度から２０１８年度の動きを見ると、投資有価証券が、２０１８年度から２０１９年度の間に、１兆７０００億円以上も減っていることがわかります。これは、ソフトバンクが自社が持っている有価証券を処分しているということです。子会社、もしくは関連会社の株を処分したことが推測されます。

そして、「ソフトバンク・ビジョンおよびデルタ・ファンドからの投資」が、２０１８年度から２０１９年度の間に、約４兆３０００億円も増えています。

「ソフトバンク・ビジョン」「デルタ・ファンド」というのは、ソフトバンクがつくったファンドです。ソフトバンクは自社グループの資金を、「ソフトバンク・ビジョン」「デルタ・ファンド」に全面的に移しているということが伺えます。

つまり「ソフトバンク・ビジョン」「デルタ・ファンド」を通して、ソフトバンク・グループは自社の資金を投資に振り向けているということです。２０１８年度から２０１９年度

連結貸借対照表・流動資産の部

単位：100万円

	2017年度	2018年度	2019年度
現金及び現金同等物	3,334,650	3,858,518	2,369,015
営業債権及びその他の債権	2,314,353	2,339,977	2,072,326
売却目的保有に分類された資産	—	224,201	9,236,048

ソフトバンク決算書・連結貸借対照表・流動資産の部より抜粋

連結貸借対照表・非流動資産の部

単位：100万円

	2018年度	2019年度	2020年度
有形固定資産	3,856,847	4,070,704	1,264,516
ソフトバンク・ビジョンおよびデルタ・ファンドからの投資	2,827,784	7,115,629	6,892,232
投資有価証券	2,660,115	924,614	1,211,511

ソフトバンク決算書・連結貸借対照表・非流動資産の部より抜粋

にかけて、ソフトバンク・グループは、急激に「投資」に重きを置くようになったということになります。

借金はそれほど増えていないが現金が減っている

「ソフトバンク・グループが投資に重きを置くようになった」

ということが、2020年度決算に大きく影響することになります。

ざっくり言えば、「裏目に出た」ということです。

ソフトバンクの決算書を見たとき、

「ソフトバンクは収益力の高さを維持しているけれど、蓄積した資産の多くを他企業への投資に振り向け、それが失敗した」

「しかも2020年の新型コロナショックによる株価下落の影響をもろに受けてしまった」

ということがわかるのです。

負債の部を見ても、それほど借金は増えていないことがわかります。だから、ソフトバンクは今はそれほどダメージを受けているわけではなく、これまでの「貯蓄」の範囲内のダメージだと言えます。

連結貸借対照表・負債の部

単位：100万円

	2018年度	2019年度	2020年度
有利子負債	3,217,405	3,480,960	3,845,153
営業債務及びその他の債務	1,816,010	1,909,608	1,585,326
売却目的保有に分類された資産に関連する負債	—	—	6,454,971

ソフトバンク決算書・連結貸借対照表・負債の部より抜粋

ただ流動資産の動きを見たとき、2018年度から2019年度にかけて「現金及び現金同等物」が激減しているところが気になります。前述したように、「現金」は誤魔化しの効かない勘定科目であり、これが激減している企業はヤバイのです。ソフトバンクの企業規模から言えば、この程度の現金の増減は許容範囲とも思えますが、もしこれが来年も減っているようであればヤバイ予兆と言えます。

孫さんは投資には向いていない？

ソフトバンクの決算内容を総じて言いますと、

・本業は悪くないがファンド事業によって大赤字を出した
・それなりにダメージを受けたが、企業グループ全体の経営が傾くほどの打撃は受けていないというところになると思います。

それにしても、ソフトバンクは本業では決して悪い結果を出しているわけではないので、別に無理にファンド事業を拡大する必要はなかったのですが、ソフトバンクがファンド事業に大きく舵《かじ》を切ったのは、会長兼社長の孫正義氏の意向が強かったとされています。

ソフトバンクがファンドで大きな損を出した最大の要因は、新型コロナによる世界的な不況だと言えます。新型コロナを予見することは誰にもできなかったことであり、新型コロナで株価が下がったことで孫正義氏を責めることはできないと思います。

が、実は新型コロナ以前から、世界の株価は乱高下しています。

２０１８年の末から２０１９年前半にかけては、アメリカと中国の経済対立で、株価は大きく下落しました。２０２０年の初頭には、アメリカとイランの対立により、武力衝突の危険性も高まり、これまた株価が大きく下落しました。

ソフトバンクがファンド事業に乗り出してから、株価が大きく下がる事態が何度も起きているのです。その間も、ソフトバンクは投資事業を拡大し続けていました。その結果が、２０１９年度決算の大赤字につながっているのです。

企業が蓄積した資金力を使って、ほかの企業を買収したり投資をしたりすることはよくあることです。が、それはその企業の事業を充実させる戦略の一つとして行っているものがほとんどです。

しかし孫さんは、ソフトバンクの事業とは直接関係のない分野の企業に投資し、ヘッジファンドのようなことをしようとしています。

実は孫正義氏は、仮想通貨でも大損しているのです。

2019年4月に、アメリカのウォール・ストリート・ジャーナルが、「ソフトバンクの孫正義氏がビットコインの取引で1億3000万ドル（約145億円）の損失を出した」と報じました。孫正義氏は、ビットコインの価値が急上昇した2017年の後半に購入し、2018年初頭に大暴落したときに売却したとのことです。

そういう点を見ると孫さんという人は、投資のセンスはあまりないのではないかとさえ、思われます。2017年の後半に仮想通貨を購入したというところに、山っ気というか、少しおっちょこちょいのような要素を感じざるを得ません。

こういう人は、あまり投資はしない方がいいようにも思われます。

連結損益計算書　　単位：100万円

	2017年度	2018年度	2019年度
売上高合計	29,379,510	30,225,681	29,929,992
売上原価	22,600,474	23,389,495	23,142,744
金融費用	1,288,679	1,392,290	1,379,620
販売費及び一般管理費	3,090,495	2,976,351	2,964,759
営業利益	2,399,862	2,467,545	2,442,869
税引き前純利益	2,620,429	2,285,465	2,554,607
株主に帰属する純利益	2,493,983	1,882,873	2,076,183

トヨタ決算書・連結損益計算書より抜粋

もちろん孫正義氏は事業家としては大成功した人です。

だから、財テクで儲けるのではなく、普通に事業で儲ける方向に回帰した方がいいように思われます。余計なお世話かもしれませんが……。

トヨタの決算書を見てみよう

次にトヨタ自動車の決算書を見てみましょう。

ご存じのようにトヨタは、日本最大の民間企業にして、日本で最高の利益をたたき出す、まさに日本経済を代表する企業です。また労使関係や賃金政策など、日本の経済に大きな影響を与えるリーディング・カンパニーでもあります。

トヨタの決算書を見れば、日本経済の一面が見えてくるはずです。

まずは損益計算書から見てみましょう。

前ページのトヨタの損益計算書では、非常に安定した売上、利益を出していることがわかります。２０２０年の新型コロナの影響も、限定的だと言えます。

競争の激しい自動車業界にありながら、これほど安定的に利益を出せるのは、すごいことです。

また、トヨタの決算書の特色は、「大きな変動がない」ということです。どの勘定科目も大きく増減はしていません。ソフトバンクのような無茶な投資もしていません。

安定企業の王道のような決算書ですね。

非常に優良な財務状況

次にトヨタの貸借対照表から財務状況を見てみましょう。

まず資産の部を見てみましょう。

「受取手形及び売掛金」はほぼ横ばいであり、若干、逓減《ていげん》の状態です。前述したように、粉飾決算をしている企業は「売掛金」が増大する傾向にあります。トヨタの場合は「受取手形及び売掛金」が逓減しているわけなので、そういう傾向も一切ないということです。

連結貸借対照表「資産の部」

単位：100万円

		2017年度	2018年度	2019年度
流動資産	現金及び現金同等物	3,052,269	3,574,704	4,190,518
	受取手形及び売掛金	2,219,562	2,372,734	2,094,894
	棚卸資産	2,539,789	2,656,396	2,434,918
非流動資産	有価証券及び投資有価証券	7,999,323	7,479,926	7,348,651
	関連会社への投資及びその他の資産	3,162,917	3,313,723	4,123,453

トヨタ決算書・連結貸借対照表・資産の部より抜粋

連結貸借対照表「負債の部」

単位：100万円

	2017年度	2018年度	2019年度
流動負債	17,796,891	18,226,938	17,902,377
固定負債（長期借入債務ほか）	12,589,282	13,144,801	13,536,208
負債合計	30,386,173	31,371,739	31,438,585

トヨタ決算書・連結貸借対照表・負債の部より抜粋

連結貸借対照表「資本の部」

単位：100万円

	2017年度	2018年度	2019年度
資本金	397,050	397,050	397,050
資本剰余金	487,502	487,162	489,334
利益剰余金	19,473,464	21,987,515	23,427,613

トヨタ自動車決算書・連結貸借対照表・資本の部より抜粋

その一方で「現金及び現金同等物」が非常に増えています。これも「すぐに使えるお金がある」ということですから、企業にとって悪いはずがありません。

次に負債の部を見てみましょう。

負債もほぼ横ばいで、若干の逓増となっており、これもまったく問題ないと言えます。製造企業の場合は、設備投資などのために借入金はある程度あるのが普通です。またこの程度の負債の逓増であれば、企業が順調に経営していることの証左でもあります。

莫大な利益剰余金

次に、貸借対照表の資本の部を見てみましょう。

トヨタの資本の部で、何と言っても目につくのが「利益剰余金」です。

何度か触れましたように、利益剰余金というのは、内部留保金とほぼ同義語であり、企業の貯蓄のようなものです。この企業の貯蓄がなんと20兆円もあるのです。ソフトバンクの利益剰余金が4兆円足らずだったので、その5倍です。

20兆円というとその額の大きさがピンとこないと思われますが、消費税の税収とほぼ同じ金額です。日本中の人が買い物をするたびに払っているあの消費税の額と、トヨタの貯蓄の額は同じくらいなのです。

トヨタがどれだけ儲かっているか、安定しているかということです。

この15年間で利益剰余金が倍増

しかもこのトヨタの利益剰余金は、ここ最近で大きく増えているのです。

2006年3月期から2020年3月期の15年の間に、トヨタは利益剰余金を倍増させています。10兆円ちょっとだった利益剰余金は、20兆円を大きく超えるほどになっているのです。

2006年から2020年の間には、リーマンショックもあり、東日本大震災もありました。「日本の企業はこの15年の間に経営がかなり厳しくなっているんじゃないか」と印象を持っている人が多いのではないかと思います。

利益剰余金

単位：100万円

決算期	利益剰余金	
2005年度(2006年3月期)	10,459,788	
2006年度(2007年3月期)	11,764,713	
2007年度(2008年3月期)	12,408,550	
2008年度(2009年3月期)	11,531,622	リーマンショック
2009年度(2010年3月期)	11,568,602	
2010年度(2011年3月期)	11,835,665	東日本大震災
2011年度(2012年3月期)	11,917,074	
2012年度(2013年3月期)	12,689,206	
2013年度(2014年3月期)	14,116,295	
2014年度(2015年3月期)	15,591,947	
2015年度(2016年3月期)	16,794,240	
2016年度(2017年3月期)	17,601,070	
2017年度(2018年3月期)	19,473,464	
2018年度(2019年3月期)	21,987,515	
2019年度(2020年3月期)	23,427,613	新型コロナ禍

しかし実際は、この15年の間、トヨタは十二分に稼ぎ、十二分に富を蓄積していたわけです。

またトヨタだけではなく、日本経済全体に同様のことが言えるのです。あまり知られていませんが、日本企業のバブル崩壊から現在まで決して業績は悪くなく、というよりかなり業績はよかったのです。ですから、日本企業全体の利益剰余金（内部留保金）も、バブル崩壊から現在までの間に、3倍ほどになっているのです（詳しくは後述）。

トヨタの株で儲けられるか？

本書を手に取られた方の中には、株をやっている人、これから株をやろうと思っている人もおられるでしょう。

そういう方のために、トヨタの決算書を用いて、株式運用についての重要な事柄を一つご紹介したいと思います。

トヨタの配当金の推移

決算期	一株あたりの配当金
2010年3月期	45円
2011年3月期	50円
2012年3月期	50円
2013年3月期	90円
2014年3月期	165円
2015年3月期	200円
2016年3月期	210円
2017年3月期	210円
2018年3月期	220円
2019年3月期	220円
2020年3月期	220円

これまで述べてきたように、トヨタの決算書を見ると、「これほど安定した決算書はない」というくらい非常に安定した優良な企業だということが言えます。

このようにトヨタは非常に安定した、超大金持ちの企業ですが、投資の対象としてはどうでしょうか？

トヨタは長い期間、高額配当を続けています。前ページの表を見てください。

トヨタの株は、現在一株６８００円前後です（２０２０年6月19日現在）。配当金が２２０円なので、３％以上の利率があることになります。昨今の低金利時代で、３％の利率がつくというのは相当なものだと言えます。

だから、トヨタは投資対象としてかなり優良な銘柄だと言えます。


では、このトヨタの株はずっと値上がりしているのでしょうか？

実はそうではないのです。

トヨタの株価は、近年、決して安定はしていません。

トヨタの株価は、好業績が続いたこの3年の間でも乱高下しているのです。高いときには８０００円台の後半になったこともあり、安いときには６０００円を切ったこともあります。しかもそれは、新型コロナで株価が荒れた今年だけの話ではありません。この3年の間、何度も40％近くの乱高下を繰り返しているのです。

昨今の株価は、世界経済の影響を大きく受けるようになっています。個々の企業の業績などは、世界経済の大波で簡単に吹っ飛んでしまうのです。

トヨタの株を購入し、思惑通りに業績が伸びていても、株価は低迷ということもしばしばあるのです。トヨタのような企業でも「株の売買で儲ける」ということがどれほど大変かということです。

だからトヨタの株で儲けようと思うのであれば、短期的に株の売買をする「売買益」ではなく、株を長期間持っていて、「配当金」を目的にしたほうが、安全で確実だと言えます。

株の配当金だけを目的にしてトヨタの株を購入すれば、もっとも高値のときに買ったとしても、2％以上の利率になります。株価がいくら下落しても黙って見ていて、配当だけをあてにするという運用をしていれば、トヨタの場合は、確実に毎年かなりのよい利率の配当がもらえるのです。

決算書を読めないと大損する！

本書の最後に、決算書を読めれば非常に得をするという証拠、というより決算書を読めないばかりに大損することがあるということを示す事柄を、トヨタの決算書を用いてご紹介したいと思います。

これまで見てきたようにトヨタは非常に業績が安定し、資産の蓄積もある企業です。そしてトヨタは、日本のリーディング・カンパニーであり、日本を代表する企業です。

「トヨタの業績がこれほどまでにいいのであれば、日本経済はもっと良好であっていいはずじゃないか？」

「なぜトヨタの業績はこれほどいいのに、平成時代は〝失われた30年〟などと言われ、国民の経済状況は苦しくなるばかりだったのか？」

と思った人もいるでしょう。

実は平成の30年の間の日本の景気というのは、決して悪いものではありませんでした。トヨタの業績が良好だったのと同様に、日本経済全体も決して悪くはなかったのです。

もうすっかり忘れ去られていますが、２００２年2月から２００８年2月までの73か月間、日本は史上最長の景気拡大期間（好景気）を記録しています。

この間に、史上最高収益を記録した企業もたくさんあります。トヨタなども、この時期に史上最高収益を出しているのです。

また２０１２年からはさらにそれを超える景気拡大期間がありました。

つまり、平成時代というのは、「史上まれに見る好景気の時代」だったのです。

日本企業全体（金融、保険以外）の経常利益の推移

年度	経常利益額
2002年度	31.0兆円
2004年度	44.7兆円
2006年度	54.4兆円
2008年度	35.5兆円
2010年度	43.7兆円
2012年度	48.5兆円
2014年度	64.6兆円
2016年度	75.0兆円
2018年度	83.9兆円

財務省・法人企業統計調査より

日本企業の営業利益はバブル崩壊以降も横ばいもしくは増加を続けており、２０００年代に史上最高収益を上げた企業も多々あるのです。

表のように、２００２年から２０１８年の間に、日本企業全体の経常利益は、２倍以上になっているのです。

そして、日本企業は、トヨタと同様に利益準備金（内部留保金）を平成の時代に倍増させ、現在は４６０兆円を超えているのです。

なのに、なぜ我々は好景気を実感できず、平成時代に「失われた30年」というイメージを持っているのでしょうか？

答えは簡単なのです。

「サラリーマンの給料が上がっていないから」で

す。

勤労者の9割を占めるサラリーマンの給料が上がっていないから、世間全体が好景気を実感できないのは当たり前なのです。

給料を上げなかったトヨタ

トヨタの賃上げ状況を見てみましょう。

次ページの図が、トヨタのここ20年のベースアップの推移です。

これを見ると、近年、トヨタのベースアップは非常に低く抑えられていることがわかります。しかも2002年から2005年と、2009年から2013年までの間はなんとベースアップがないのです。

この間には、トヨタは史上最高収益を出したことも複数回あったのです。

特に2002年は、史上最高収益を出したのにベアがゼロにされたことから、トヨタショックと言われ、日本経済全体に波及しました。日本企業全体が「トヨタでさえ賃上げしないのだから」として賃上げを渋り、それどころか賃下げをするようになったのです。

なぜトヨタは、史上最高収益を出していたのにベースアップをしなかったのか。これは、日本のバブル崩壊や世界のＩＴバブルの崩壊などによる「経営状況の悪化」が理由という説明がなされました。
そして、２００２年から始まった「ベアゼロ」は、日本経済全体に賃下げの流れをつくり、それ以降も日本経済の業績は悪くなかったのに、賃上げがされないようになってしまったのです。

トヨタのベースアップの推移

2001年	1000円
2002年	0
2003年	0
2004年	0
2005年	0
2006年	1000円
2007年	1000円
2008年	1000円
2009年	0
2010年	0
2011年	0
2012年	0
2013年	0
2014年	2700円
2015年	4000円
2016年	1500円
2017年	1300円
2018年	未公表
2019年	未公表
2020年	0

ニュース資料などから著者が抜粋

「平成の失われた30年」の原因

日本最大の企業であるトヨタが、史上最高収益を出した年にベースアップをしなかったのですから、ほかの企業が給料を上げるわけはありません。ほかの企業はむしろ給料を下げる方向に向かいました。

その結果、日本はこの20年の間、先進国の中で唯一、「賃金が下がった国」になってしまったのです。

日本経済新聞2019年3月19日の「ニッポンの賃金(上)」によると、1997年を100とした場合、2017年の先進諸国の賃金は上表のようになっています。

このように先進諸国は軒並み50%以上、上昇しています。

アメリカ、イギリスなどは倍近い金額になっています。

その中で、日本だけが下がっているのです。しかも約1割も減っているのです。

1997年を100とした場合の2017年の賃金

アメリカ	176
イギリス	187
フランス	166
ドイツ	155
日本	91

イギリスの１８７％と比較すれば、日本は半分しかないのです。

つまりこの20年間で、日本人の生活のゆとりは、イギリス人の半分以下になったと言えます。

先ほど述べましたように、この20年間、日本の企業の業績が悪かったわけではありません。

なのに、なぜ日本の賃金だけが下がったのかというと、いろいろ理由はありますが、最大の理由は「日本のサラリーマンは国や企業からなめられている」ということだと思われます。

というのも、着目していただきたいのは、トヨタなど国際企業の賃金動向です。

トヨタは60年前から北米に進出し、現在は、約13万６０００人を雇用しています。

このトヨタのアメリカ従業員たちは、日本のトヨタの従業員と同様に賃金が据え置かれたのかというと、決してそうではありません。

アメリカのトヨタの従業員たちは、他のアメリカ国内企業の従業員たちと同様かそれ以上に賃金は上昇しているのです。

また、トヨタはイギリスにも工場をつくっていますが、イギリスでも同様に従業員の賃金は上昇しているはずです。

欧米では政府の定めた最低賃金が年々、段階的に上昇しており、また他の大企業も賃金を上昇させているので、トヨタだけが賃金を上昇させないわけにはいかないのです。

欧米の労働者は日本の労働者よりも20～30%賃金が高いですが、トヨタは欧米ではその高い賃金は支払っているのです。

もちろんトヨタだけではありません。

欧米に工場やオフィスを構え、現地で従業員を雇っている日本の企業は、欧米の従業員に対しては、ちゃんと賃金を上昇させているのです。

賃金が据え置かれ下げられてきたのは、日本のサラリーマンだけなのです。

日本のサラリーマンは決算書が読めないから損をしている

なぜ日本のサラリーマンだけが賃金を下げられてきたのか、というと、前述した通り日本のサラリーマンは企業からなめられているわけです。

バブル崩壊後から現在までの間に、賃金を上げなかったトヨタもトヨタですが、「労働組合は何をしていたのか?」という話でもあります。

トヨタの労働組合の幹部には、決算書を読める人が一人もいなかったのではないか、とさえ思われます。

もしトヨタの組合の中で決算書をぼんやりでも読める人がもっとたくさんいたら、おそらくトヨタもこれほど賃金をケチったりはしていなかったでしょう。

トヨタの決算書を見れば、収益がガンガン出ていて、利益剰余金も積もりに積もり、株主への配当もうなぎ上りに増加させていたのですから。

「会社は儲かっているし株主にもたくさん配当している。従業員にも会社の儲けを還元すべき」

と訴えれば世間も味方につくはずですし、会社も折れざるを得なかったはずです。

そしてそれは日本全体の企業に波及するはずですので、日本のサラリーマンはこれほど安月給であえぐことはなかったでしょう。

このように、決算書を読めるようになれば日本経済全体の状況がわかるし、逆に言えば、決算書が読めなければ日本経済全体の状況がまるでわかっていない、というようなことになってしまうのです。

「決算書を読めない」

ということは、こういう大損もしてしまうことになるのです。

トヨタの誤算とは?

これは余談になるかもしれませんが、トヨタが給料をケチってきたことで損をしたのはサラリーマンだけではありません。

実はトヨタ自身も長い目で見れば大きな損をしているのです。

企業が社員に給料を支払うことは、短視眼的に見れば企業にとって「お金が出て行くこと」になります。しかし社員が給料をもらえばそれは消費に向かいます。消費をしてくれるということは、つまり企業にとっては顧客でもあるわけです。

日本の勤労者の9割はサラリーマンなのだから、サラリーマンの懐《ふところ》が潤えば日本全体の消費が伸びることになります。

特にトヨタのようなリーディング・カンパニーの場合、自社の社員の給料額が、日本全体の給料を左右するのです。トヨタがしっかり給料をケチらずに払えば、日本全体の賃金が上昇し、つまりは消費が伸びるわけです。

逆に言えばトヨタが自社の給料をケチれば、日本全体の消費が縮小し、企業の顧客も減る

トヨタの売上に占める世界市場への依存度

	世界市場	日本国内市場
2001年3月期	49.7%	50.3%
2020年3月期	75.0%	25.0%

トヨタ決算書より著者が算出

わけです。

実際に、その理屈通りのことが、バブル崩壊後のトヨタで起きているのです。

バブル崩壊後、日本の消費は冷え込み、日本の国内市場は急激に縮小しました。

１９９０年にはトヨタの国内自動車販売は２００万台を超えていました。

が、現在は１５０万台前後です。

実に、国内市場が25％も縮小しているわけです。

トヨタは、国内市場が縮小するばかりなので、必然的に海外に販路を求めなければならなくなりました。トヨタは近年、売上の海外依存度を急激に高めてきました。

上の表のように、２００１年にはトヨタの売上の半分は国内市場でしたが、２０２０年には約25％にまで低下しています。現在は日本国内よりも北米での方が売上のシェアは大きいのです。

しかし、海外で商売をするというのは、非常にリスクが大きいものです。

新型コロナ禍やリーマンショックでも明らかなように、世界経済では、リスクの不確実性はさらに上がります。

また、新型コロナ禍やリーマンショックなどがなくても、海外ビジネスというのはリスクだらけなのです。

たとえばトヨタの現在の主な販売先はアメリカです。

が、アメリカが日本車の進出を快く思っていないことは、周知の通りです。アメリカは何かにつけて日本車に厳しくあたります。エアバックのタカタなどは、不自然な事故の責任を押し付けられ、経営破たんしてしまいました。トヨタも、アメリカの司法省から難癖をつけられて巨額の罰金を払わされたことは一度や二度ではありません。

また昨今、トヨタは中国などのアジア市場でも売上の割合が大きく膨らんでいます。中国の「反日運動」などで日系企業が打撃を受けるようなことがたびたびあり、非常にリスクの高い市場だと言えます。しかも中国の場合、現地の工場では技術供与を求められることも多く、技術流出の懸念もあります。

だから、海外市場に依存することは、いつ足元をすくわれるかわからないものでもあるのです。

もし国内市場が平成の30年間で縮小せずに拡大し続けていれば、トヨタもここまで海外に依存しなくて済んだはずです。

「平成の失われた30年」の景気循環

「平成の失われた30年」の要因をここで整理しておきましょう。

通常の景気循環というのは次のようになっています。

「企業の利益が出る」

↓

「企業が従業員の給料をきちんと払う」

↓

「国民の消費が増える」

↓

「企業の業績が伸びる」
←
「企業の利益が出る」

しかし、平成30年の間は、次のようになっていたのです。

「企業の利益が出る」
←
「企業は従業員の給料をケチる」
←
「国民の消費が落ち込み国内市場が縮小」
←
「企業は無理して輸出を増やそうとする」
←
「国民の消費は増えず国内市場はさらに縮小」

この日本の陥っている悪循環の原因は単純です。
「企業がお金を貯め込みすぎ」
「企業が給料をケチりすぎ」
なのです。

そしてその大きな要因として、トヨタが給料アップをケチったことが挙げられるのです。

前項では、サラリーマンは決算書を読めない人が多いので損をしていると述べましたが、トヨタの経営陣も決算書をきちんと読み解けていないものと思われます。

日本経済全体を一つの決算書として見たとき、「国民の収入」が減れば、国内の消費が落ち込むことは当たり前であり、それはやがて企業の売上減につながっていくのです。

決算書を過信してはならない

本書では、「決算書を読めるようになればいろんなことがわかる」ということをご紹介してきました。

が、最後に一つだけ注意点を述べなければなりません。

それは
「決算書を過信してはならない」

ということです。

決算書はあくまで「企業分析の入り口」と思っていた方がいいでしょう。

たとえるなら、「健康診断の結果表」のようなものです。

健康診断の結果表では、脂肪が多いとか、体重が多めとかそういう健康の目安になるような数値はわかります。が、この健康診断の数値だけで、自分は本当に健康かどうか、病気があるかどうかを知ることはできません。

税務署の調査官が税務調査を行う際にも、決算書の分析において、ある程度の予想を立てて企業に伺います。が、決算書の分析で見立てた予想は、はずれることも多いのです。

たとえば、売上が急増しているのに利益があまり上がっていない会社に対して、脱税の疑いを持って税務調査に行ったとします。が、その会社は、資金繰りが思わしくないために、利益を度外視して自社の商品を叩き売りしていました。だから、売上は急増していても利益は出なかったというわけです。

そういう例は、税務調査の中でいくらでもあります。

だから決算書を読み解くことでわかったことは、一つの着眼点として、今後、その企業を分析していく上での指標にするにとどめておくべきでしょう。

もちろん、決算書で重要なことがわかることは間違いないことです。

本章でご紹介したように、ソフトバンクとトヨタの決算書を見れば、企業性向の違いは明確にわかります。トヨタの経営は保守的で本業以外のことにそれほど積極的ではないということがわかりますし、ソフトバンクはちょっとでもお金があればいろんな分野に手を出そうとしていることもわかります。

だから、株式投資をする際や取引をする際、または入社をする際などに、それらの情報は非常に役に立つものと思われます。

ここで言いたいのは、決算書を読んだからといって、その企業のすべてを理解したと思うな、ということです。

「各企業には決算書には表れない部分が必ずある」

ということを念頭に置きつつ、決算書を読み解くというのが、決算書のもっとも賢い利用方法だと言えるのです。

――「売掛金」と「買掛金」

会計ではよく「**売掛金**」と「**買掛金**」という言葉が出てきます。

会計に携わっている人から見れば、売掛金や買掛金という言葉は、基本中の基本の用語です。しかし、一般のサラリーマンにとっては、あまりなじみのない言葉だと言えるでしょう。

売掛金とは、物やサービスの販売が完了して「売上」が成り立っているのだけれど、まだお金の回収がされていないもののことです。いわば掛けで販売し、その掛けが残っている状態です。

買掛金には、逆に、物やサービスの購入は完了して「経費」が成り立っているのだけれど、まだお金の支払いをしていないもののことです。こちらも掛けで購入し、その掛けが残っている状態のことです。

今の人たちは、日常生活で「掛け」で何かを買ったりすることはほとんどありません。まあ、クレジットカードを使うことはありますが、昔のようにお店に対して「つけておいて」と言うことになるのはほとんどないはずです。

だから企業会計の中で「掛け」という言葉が頻発することに違和感を持つかもしれません。

が、企業の取引においては、「掛け」が生じるのはごくごく当たり前のことなのです。むしろ、現金で取引することの方が少ないと言えます。

企業間の取引では、通常、物やサービスが先に提供され、請求書が発行されます。そしてその請求に対して、何日か後に支払いが行われるのです。中には何か月か後になって支払われることもあります。そのタイムラグの状態になっている取引のことを「売掛金」「買掛金」と言うのです。

あとがき

決算書が読めるようになれば、企業の経営状況がわかるようになるだけではなく、世の中の見方も変わると筆者は思っています。

決算書をたくさん読んでいると、世の中の物を数値化する癖がついてきます。

そして、いろんな現象を数値化して見れば、最初の印象とはまた違って見えてきたりもするものなのです。

もし、多くの人が決算書の情報を大雑把にでも共有できていたら、世の中はもっと変わると思われます。

社会評論や経済評論をしている有名人の方の中には、「この人おそらく決算書を読めないなあ」という方もたくさんおられます。そういう方は、数字やデータを調べずに、断片的な情報や、印象だけで世の中のことを語っているのです。

そして、そういう方の主張が、世の中でけっこう幅を利かせたりしているものなのです。

たとえば経済評論家の中には、

「日本はもっと輸出を増やして高度成長期のような経済発展をもう一度起こすべし」

「そうすればもっと我々の暮らしは楽になる」

というような主張をする人もいます。しかも、そういう人はけっこう多いです。

しかし日本経済の数値を見ていくと、日本経済は今も決して悪くない、むしろこんなにいい状態が長く続いている国は他にはいない、というくらい良好なのです。

日本は、経常収支の黒字をもう何十年間も続けています。経常収支というのは、貿易や投資などでの外国との取引の総計のことです。日本はこの経常収支で毎年10兆円前後の黒字を続けているのです。

外貨準備高はEU全体よりも日本一国の方が多いほどです。国民一人あたりの外貨準備高は、断トツの世界一なのです。外貨準備高とは、国際決済に使える通貨の額を指します。つまり、ざっくり言えば「国際的な預金残高」がそれだけ多いということです。

そして日本がそれだけ外貨準備高が多いということは、日本に借りがある国がそれだけ多いということでもあります。それは国際関係上は、必ずしもいいとは言えません。

実際、アメリカなどは、日本の輸出が多すぎるということで、たびたび強烈な対抗処置を講じたりもしてきました。

もし、日本がこれ以上、輸出を増やしたり、経常収支の黒字を増やしたりすれば、世界中の嫌われものになってしまいます。

日本経済はもう十二分に頑張ってきたのです。これ以上、急激に輸出を増やしたり、高度成長をすることは、現実的にはあり得ないのです。

が、現在、多くの日本人は、暮らしがあまり楽ではないし、将来にも不安を抱えています。それはなぜかということを数値的に探っていくと、「賃金がずっと下がっていること」にたどりつきます。

本文でも述べましたが、日本は先進国の中で唯一、この20年間で平均賃金が下がっています。企業業績は決して悪くなく、外貨準備も世界最高レベルで積み上げているにも関わらず、です。

国民の賃金が下がれば、国民生活は苦しくなるのは、当たり前です。

日本経済全体では、たくさんお金を稼ぎ、たくさん蓄えているのに、それが国民に還元されていないのです。

それは、日本経済全体の経済数値を見れば、一目瞭然なのです。

だから日本がやらなくてはならないことは「経済成長」ではなく、賃上げなのです。ごくごく、簡単で明瞭なことです。

そして賃上げをすれば消費も増えます。消費が増えれば景気も良くなるのです。

バブル崩壊後、本格的に賃上げを働きかけたのは、第二次安倍政権が初めてです。それまでの政権は、民主党政権も含めて賃上げを打ち出してきませんでした。安倍政権にしろ、それほど大きな賃上げを実現できておらず、消費税の増税分と相殺される程度です。これでは、国民生活や国内景気がよくならないのは当たり前です。

ちゃんと数値が見えていれば、こんなことにはならないのではないか、と筆者は思います。

現在の新型コロナ禍にしても、イメージに惑わされずにどれだけ冷静に数値を見極められるかが、解決のカギになると思われます。世の中の数値をきちんと見て、冷静に客観的に物事を判断する人が多くなることを筆者は願ってやみません。

最後に、ＰＨＰ新書の西村健氏をはじめ、本書の制作に尽力いただいた方々にこの場をお借りして御礼を申し上げます。

２０２０年８月

著者

PHP新書

PHP INTERFACE
https://www.php.co.jp/

大村大次郎［おおむら・おおじろう］

国税局に10年間、主に法人税担当調査官として勤務。退職後、ビジネス関連を中心としたフリーライターとなる。単行本執筆、雑誌寄稿、ラジオ出演、テレビドラマの監修等で活躍。ベストセラーとなった『あらゆる領収書は経費で落とせる』（中公新書ラクレ）をはじめ、税金・会計関連の著書多数。一方、学生のころよりお金や経済の歴史を研究しており、その分野の関する著作も多い。
著書に、『やってはいけない老後対策』（小学館新書）、『「土地と財産」で読み解く日本史』（PHP研究所）、『教養として知っておきたい33の経済理論』（彩図社）など。

イラスト：江口修平

PHP新書 1235

決算書は3項目だけ読めばいい

二〇二〇年九月二十九日　第一版第一刷

著者――大村大次郎
発行者――後藤淳一
発行所――株式会社PHP研究所
東京本部――〒135-8137 江東区豊洲5-6-52
第一制作部PHP新書課 ☎03-3520-9615（編集）
普及部 ☎03-3520-9630（販売）
京都本部――〒601-8411 京都市南区西九条北ノ内町11
組版――アイムデザイン株式会社
装幀者――芦澤泰偉＋児崎雅淑
印刷所
製本所――図書印刷株式会社

ISBN978-4-569-84735-1

ＰＨＰ新書刊行にあたって

「繁栄を通じて平和と幸福を」（PEACE and HAPPINESS through PROSPERITY）の願いのもと、ＰＨＰ研究所が創設されて今年で五十周年を迎えます。その歩みは、日本人が先の戦争を乗り越え、並々ならぬ努力を続けて、今日の繁栄を築き上げてきた軌跡に重なります。

しかし、平和で豊かな生活を手にした現在、多くの日本人は、自分が何のために生きているのか、どのように生きていきたいのかを、見失いつつあるように思われます。そして、その間にも、日本国内や世界のみならず地球規模での大きな変化が日々生起し、解決すべき問題となって私たちのもとに押し寄せてきます。

このような時代に人生の確かな価値を見出し、生きる喜びに満ちあふれた社会を実現するために、いま何が求められているのでしょうか。それは、先達が培ってきた知恵を紡ぎ直すこと、その上で自分たち一人一人がおかれた現実と進むべき未来について丹念に考えていくこと以外にはありません。

その営みは、単なる知識に終わらない深い思索へ、そしてよく生きるための哲学への旅でもあります。弊所が創設五十周年を迎えましたのを機に、ＰＨＰ新書を創刊し、この新たな旅を読者と共に歩んでいきたいと思っています。多くの読者の共感と支援を心よりお願いいたします。

一九九六年十月

ＰＨＰ研究所

1162 なんで、その価格で売れちゃうの? 永井孝尚
1166 人生に奇跡を起こす営業のやり方 田口佳史/田村 潤
1172 お金の流れで読む 日本と世界の未来
ジム・ロジャーズ[著]/大野和基[訳]
1174 「消費増税」は嘘ばかり 髙橋洋一
1175 平成の教訓 竹中平蔵
1187 なぜデフレを放置してはいけないか 岩田規久男
1193 労働者の味方をやめた世界の左派政党 吉松 崇
1198 中国金融の実力と日本の戦略 柴田 聡
1203 売ってはいけない 永井孝尚
1204 ミルトン・フリードマンの日本経済論 柿埜真吾
1220 交渉力 橋下 徹

［知的技術］

003 知性の磨きかた 林 望
025 ツキの法則 谷岡一郎
112 大人のための勉強法 和田秀樹
180 伝わる・揺さぶる! 文章を書く 山田ズーニー
203 上達の法則 岡本浩一
305 頭がいい人、悪い人の話し方 樋口裕一
399 ラクして成果が上がる理系的仕事術 鎌田浩毅
438 プロ弁護士の思考術 矢部正秋
573 1分で大切なことを伝える技術 齋藤 孝
646 世界を知る力 寺島実郎
673 本番に強い脳と心のつくり方 苫米地英人
718 必ず覚える! 1分間アウトプット勉強法 齋藤 孝
737 超訳 マキャヴェリの言葉 本郷陽二
747 相手に9割しゃべらせる質問術 おちまさと
749 世界を知る力 日本創生編 寺島実郎
762 人を動かす対話術 岡田尊司
768 東大に合格する記憶術 宮口公寿
805 使える!「孫子の兵法」 齋藤 孝
810 とっさのひと言で心に刺さるコメント術 おちまさと
835 世界一のサービス 下野隆祥
838 瞬間の記憶力 楠木早紀
846 幸福になる「脳の使い方」 茂木健一郎
851 いい文章には型がある 吉岡友治
876 京大理系教授の伝える技術 鎌田浩毅
878 [実践] 小説教室 根本昌夫
886 クイズ王の「超効率」勉強法 日高大介
899 脳を活かす伝え方、聞き方 茂木健一郎
929 人生にとって意味のある勉強法 隂山英男
933 すぐに使える! 頭がいい人の話し方 齋藤 孝
944 日本人が一生使える勉強法 竹田恒泰

983 辞書編纂者の、日本語を使いこなす技術　飯間浩明
1002 高校生が感動した微分・積分の授業　山本俊郎
1054 「時間の使い方」を科学する　一川 誠
1068 雑談力　百田尚樹
1078 東大合格請負人が教える できる大人の勉強法　時田啓光
1113 高校生が感動した確率・統計の授業　山本俊郎
1127 一生使える脳　長谷川嘉哉
1133 深く考える力　田坂広志
1171 国際線機長の危機対応力　横田友宏
1186 実行力　橋下 徹
1216 ドラえもんを本気でつくる　大澤正彦

［**社会・教育**］
117 社会的ジレンマ　山岸俊男
335 ＮＰＯという生き方　島田 恒
418 女性の品格　坂東眞理子
495 親の品格　坂東眞理子
504 生活保護vsワーキングプア　大山典宏
522 プロ法律家のクレーマー対応術　横山雅文
537 ネットいじめ　荻上チキ
546 本質を見抜く力――環境・食料・エネルギー
養老孟司／竹村公太郎
586 理系バカと文系バカ 竹内 薫［著］／嵯峨野功一［構成］
602 「勉強しろ」と言わずに子供を勉強させる法　小林公夫
618 世界一幸福な国デンマークの暮らし方　千葉忠夫
621 コミュニケーション力を引き出す　平田オリザ／蓮行
629 テレビは見てはいけない　苫米地英人
632 あの演説はなぜ人を動かしたのか　川上徹也
681 スウェーデンはなぜ強いのか　北岡孝義
692 女性の幸福［仕事編］　坂東眞理子
706 日本はスウェーデンになるべきか　高岡 望
720 格差と貧困のないデンマーク　千葉忠夫
741 本物の医師になれる人、なれない人　小林公夫
780 幸せな小国オランダの智慧　紺野 登
783 原発「危険神話」の崩壊　池田信夫
786 新聞・テレビはなぜ平気で「ウソ」をつくのか　上杉 隆
789 「勉強しろ」と言わずに子供を勉強させる言葉　小林公夫
792 「日本」を捨てよ　苫米地英人
819 日本のリアル　養老孟司
823 となりの闇社会　一橋文哉
828 ハッカーの手口　岡嶋裕史
829 頼れない国でどう生きようか　加藤嘉一／古市憲寿
832 スポーツの世界は学歴社会　橘木俊詔／齋藤隆志

1070 日本語の建築 伊東豊雄
1072 縮充する日本 「参加」が創り出す人口減少社会の希望 山崎 亮
1073 「やさしさ」過剰社会 榎本博明
1079 超ソロ社会 荒川和久
1087 羽田空港のひみつ 秋本俊二
1093 震災が起きた後で死なないために 野口 健
1098 日本の建築家はなぜ世界で愛されるのか 五十嵐太郎
1106 御社の働き方改革、ここが間違ってます！ 白河桃子
1125 『週刊文春』と『週刊新潮』闘うメディアの全内幕 花田紀凱／門田隆将
1128 男性という孤独な存在 橘木俊詔
1140 「情の力」で勝つ日本 日下公人
1144 未来を読む ジャレド・ダイアモンドほか［著］／大野和基［インタビュー・編］
1146 「都市の正義」が地方を壊す 山下祐介
1149 世界の路地裏を歩いて見つけた「憧れのニッポン」 早坂 隆
1150 いじめを生む教室 荻上チキ
1151 オウム真理教事件とは何だったのか？ 一橋文哉
1154 孤独の達人 諸富祥彦
1161 貧困を救えない国 日本 阿部彩／鈴木大介
1164 ユーチューバーが消滅する未来 岡田斗司夫
1183 本当に頭のいい子を育てる 世界標準の勉強法 茂木健一郎
1190 なぜ共働きも専業もしんどいのか 中野円佳
1201 未完の資本主義 ポール・クルーグマンほか［著］／大野和基［インタビュー・編］
1202 トイレは世界を救う ジャック・シム［著］／近藤奈香［訳］
1219 本屋を守れ 藤原正彦

［人生・エッセイ］

263 養老孟司の〈逆さメガネ〉 養老孟司
340 使える！『徒然草』 齋藤 孝
377 上品な人、下品な人 山﨑武也
507 頭がよくなるユダヤ人ジョーク集 烏賀陽正弘
600 なぜ宇宙人は地球に来ない？ 松尾貴史
742 みっともない老い方 川北義則
763 気にしない技術 香山リカ
827 直感力 羽生善治
859 みっともないお金の使い方 川北義則
873 死後のプロデュース 金子稚子
885 年金に頼らない生き方 布施克彦
900 相続はふつうの家庭が一番もめる 曽根恵子
930 新版 親ができるのは「ほんの少しばかり」のこと 山田太一

938 東大卒プロゲーマー　ときど
946 いっしょうけんめい「働かない」社会をつくる　海老原嗣生
960 10年たっても色褪せない旅の書き方　轡田隆史
966 オーシャントラウトと塩昆布　和久田哲也
1017 人生という作文　下重暁子
1055 なぜ世界の隅々で日本人がこんなに感謝されているのか　布施克彦／大賀敏子
1067 実践・快老生活　渡部昇一
1112 95歳まで生きるのは幸せですか？　池上 彰／瀬戸内寂聴
1132 半分生きて、半分死んでいる　養老孟司
1134 逃げる力　百田尚樹
1147 会社人生、五十路の壁　江上 剛
1148 なにもできない夫が、妻を亡くしたら　野村克也
1158 プロ弁護士の「勝つ技法」　矢部正秋
1179 なぜ論語は「善」なのに、儒教は「悪」なのか　石 平
1211 保険ぎらい　荻原博子

［地理・文化］

264 「国民の祝日」の由来がわかる小事典　所 功
465・466 ［決定版］京都の寺社505を歩く（上・下）　山折哲雄／槇野 修
592 日本の曖昧《あいまい》力　呉 善花
639 世界カワイイ革命　櫻井孝昌
650 奈良の寺社150を歩く　山折哲雄／槇野 修
670 発酵食品の魔法の力　小泉武夫／石毛直道［編著］
705 日本はなぜ世界でいちばん人気があるのか　竹田恒泰
757 江戸東京の寺社609を歩く 下町・東郊編　山折哲雄／槇野 修
758 江戸東京の寺社609を歩く 山の手・西郊編　山折哲雄／槇野 修
845 鎌倉の寺社122を歩く　山折哲雄／槇野 修
877 日本が好きすぎる中国人女子　櫻井孝昌
889 京都早起き案内　麻生圭子
890 反日・愛国の由来　呉 善花
934 世界遺産にされて富士山は泣いている　野口 健
936 山折哲雄の新・四国遍路　山折哲雄
948 新・世界三大料理　神山典士［著］／中村勝宏、山本豊、辻芳樹［監修］
971 中国人はつらいよ――その悲惨と悦楽　大木 康
1119 川と掘割“20の跡”を辿る江戸東京歴史散歩　岡本哲志
1182 京都の通りを歩いて愉しむ　柏井 壽
1184 現代の職人　早坂 隆